燕山大学中国长城文化研究与传播中心 编著

中国的象征

长城

燕山大学出版社

·秦皇岛·

图书在版编目（CIP）数据

长城：中国的象征 / 燕山大学中国长城文化研究与传播中心编著 . —秦皇岛：燕山大学出版社，2024.2

ISBN 978-7-5761-0205-5

Ⅰ．①长… Ⅱ．①燕… Ⅲ．①长城—文化研究—中国 Ⅳ．① K928.77

中国国家版本馆 CIP 数据核字（2023）第 199463 号

长城：中国的象征

CHANGCHENG: ZHONGGUO DE XIANGZHENG

燕山大学中国长城文化研究与传播中心 编著

出 版 人：陈　玉	责任编辑：方志强
总 策 划：陈　玉	封面题字：董耀会
装帧设计：方志强	责任印制：吴　波
出版发行：燕山大学出版社 YANSHAN UNIVERSITY PRESS	地　　址：河北省秦皇岛市河北大街西段 438 号
邮政编码：066004	电　　话：0335-8387555
印　　刷：秦皇岛墨缘彩印有限公司	经　　销：全国新华书店

开　　本：710mm×1000mm 1/16	印　　张：16.5
版　　次：2024 年 2 月第 1 版	印　　次：2024 年 2 月第 1 次印刷
书　　号：ISBN 978-7-5761-0205-5	字　　数：180 千字
定　　价：98.00 元	

《长城：中国的象征》编委会

总顾问　董耀会

总策划　陈　玉

主　编　苏君礼

编　委　董旭明　董世非　赵　欣　郑安纲

　　　　裴立超　方志强　张岳洪

认识长城 读懂长城

中国长城是世界文化遗产，是一项浩大的文明工程。上下两千年，纵横数万里，中国人为什么持续两千多年不断修筑这项工程？当今，长城以蜿蜒万里的宏大体量和磅礴气势而享誉世界，已经成为中华民族的象征和中国国家的标志，但我们对长城这个中国人心目中的精神图腾真的了解吗？我向大家推荐燕山大学出版社出版的新书《长城：中国的象征》。

近些年长城越来越受到关注，这种关注是构建国家"软实力"的需要。2016 年，"十三五规划纲要"将国家文化公园建设列为国家文化重大工程；2017 年，《国家"十三五"时期文化发展改革规划纲要》提出，规划建设长城等一批国家文化公园，形成"中华文化的重要标识"；2019 年，中央全面深化改革委员会审议通过了《长城、大运河、长征国家文化公园建设方案》；2020 年，文化和旅游部制定了《长城国家文化公园重大工程建设方案》。目前，长城国家文化公园建设在全国展开，很多国家重点项目也已经完成。

随着长城国家文化公园建设的推进，越来越多的人开始重视长城的研究和保护利用。长城沿线的长城旅游成为热点，文旅融合、乡村振兴事业得到了巨大的促进，长城研究进入了一个新阶段，长城学成为新时代的一个学术新亮点。之所以出现这样的局面，是因为社会发展需要通过历史文化的发掘，以构成服务于现实社会发展的文化力量。

文化是民族的血脉和灵魂。长城是中国的标志、中华民族的象征，是中华文化的重要载体，是中华文明的活化石。提起"长城"，几乎没有中国人不知道，几乎没有中国人不自豪，但是，真正问起人们对长城了解多少的时候，许多人又很茫然。你是否了解长城的历史形成、遗存规模和保护利用状况？你是否懂得长城价值、长城文化和长城精神？你对长城这样伟大而宝贵的"家产"能不能如数家珍地介绍给他人？

长城伴随着中华民族走过了2 000多年，长城承载着中华民族深层次的文化记忆。可以说，要了解中国，就要了解长城。懂得中华文化，就要读懂长城。特别是今天，中国实行对外开放，更加主动、积极地融入世界经济，我们更需要记住我们文化的根脉。认识长城，就要了解长城的源起，了解长城的历史，了解长城的建造，了解长城过去的存在形态和今天的遗存及保护利用情况，了解长城在历史上的作用和功能变化。

普及长城知识、研究长城文化、弘扬长城精神是社会向长城文化研究领域提出的一个紧迫问题。近年来许多专家学者加入了长城文化的研究队伍，许多高校和学术机构介入了长城文化研究事业，一些高校还成立了专门的研究机构。中国长城文化研究与传播中心就是位于"天下第一关"脚下的燕山大学成立的长城研究机构。该中心立足华北，面向全国，依托高校的学科专业优势和人才智力，整合社会资源，搭建高层次的学术研究平台，成功举办首届长城学论坛、承担重点课题项目、出版优秀长城图书、组织长城研学活动、探索长城学研究、助力地方长城保护与研究工作，不断提升服务长城国家文化公园建设的能力和社会影响力，已经成为长城文化研究与传播的重地。

《长城：中国的象征》这本书，就是燕山大学中国长城文化研究与传播中心的学者们，向一般读者推出的介绍长城知识和探究长城文化的普及读物。书中内容分"两千年不间断修筑的工程""精到完备的战略防御布局""军事防御体系与文化经济带""中华民族的象征和精神标志"四部分，分别介绍了长城历史、长城关隘、长城功能和长城精神。总览全书，可以看出，作者立足当代，全瞰历史，文献丰富，史料准确，坚持历时性与共时性相统一的陈述视野、普及性与学术性相统一的编写原则，整体全面地介绍长城、探究长城。

本书比较全面系统地解读了长城的功能，概括了历史上长城作为屯兵、屯田、烽传、驿递和互市贸易系统的形成发展和历史功能，同时，对因长城而形成的文化经济带以及长城在中华民族共同体形成过程中的历史作用及当代意义等进行了探究和论述，使读者能够从历史宏观的视角全览长城。书中对长城文化和长城精神进行了挖掘和探讨，尤其是对

长城精神内涵在爱国精神、民族精神和时代精神三个方面的阐述具有探索价值。

长城不仅是中国人民的宝贵遗产，也是全人类的精神和文化财富。文脉传承也要坚持创造性转化、创新性发展，《长城：中国的象征》做出了可贵的尝试。我相信这本新书的出版，一定会帮助大家认识长城，读懂长城，加深对未来中华文明的发展，对人类命运共同体的构建的理解与思考。

是为序。

中国长城学会副会长

燕山大学中国长城文化研究与传播中心主任

董耀会

2024 年 1 月于燕山大学

目录

第一章

长城历史：两千年不间断修筑的工程

内蒙古自治区包头市固阳段秦长城 / 董旭明摄

一、早期长城：春秋战国长城

（一）最早的长城

人们在谈论长城时，往往首先想到它是怎么来的。关于长城的起源，目前学术界主要有"城"说、"河堤"说、"封"说三种观点，其他的"楚方城"说、"列城"说与"石城"说等也都着眼于追溯实体长城的雏形。总体来看，长城的初始形态都带有防御或标识边界的主要功能或目的。说长城就是指那连绵不断的墙体，其实并不全面。

长城不仅包括那长长的用夯土、砖石垒筑或堑削山岭、河谷而成的连续性的墙体，而且包括与之相连及相近的城堡、关隘和烽燧等通信系统，是一整套科学、完备的古代军事防御体系。早在"长城"一词诞生之前，用烽火传递信息的烽燧（烽火台）就已经存在了。中国古代周幽王"烽火戏诸侯"的故事证明了"先有烽燧后有长城"说法是正确的。故事讲昏庸的周幽王为了博得宠妃褒姒一笑，竟然在无战事的情况下于骊山点起了烽火。各路诸侯见到警讯后，匆忙率兵前来保卫，结果发现是被戏弄了，其愤怒、怨恨的心情可想而知。因此，当后来西戎军真的来侵犯首都镐京，周幽王再命令点烽火报警调兵时，各路诸侯都没有出兵，结果导致西戎军攻入镐京，杀了周幽王，抢走了褒姒，西周因此而灭亡。在中国最早的诗集《诗经》中，有一首题为《出车》的诗歌："王命南仲，往城于方。出车彭彭，旐旟央央。天子命我，城彼朔方。赫赫南仲，猃狁于襄。"[1]讲的是周幽王的父亲周宣王命令西周大将南仲率领军士去朔方（北方）修筑城堡防御游牧民族猃狁，并依靠诗中称"城"的防御城堡战胜了猃狁的事情。诗句"往城于方"和"城彼朔方"中的"城"，应该是一种建于北部边境的军事防御工程，大致可以认为是后来长城的前身或原始形态。

"长城"一词最早见于史籍记载的是《管子·轻重》篇，文中有"长城之阳，鲁也；长城之阴，齐也"[2]的表述。根据管仲生平和齐桓公在位年来推断，句子中的"长城"指齐长城，其建筑年代应该在公元前 685 年至公元前 645 年之间。由于学术界一般认为《管子》一书是后人托名于管仲的著作，因此还不能断定齐长城是最早的长城。比较可信的记载出现在战国时期秦国丞相吕不韦主编的《吕氏春秋·下贤》篇中，说魏文侯因喜好以礼待士，"故南胜荆于连堤；东胜齐于长城，虏齐侯，献诸天子，

"清华简"是目前已知的最早记述"长城"修建史实的竹简 / 资料图片

1　《中华大典》工作委员会：《诗经·小雅·出车》，上海：上海古籍出版社 2016 年版，第 93 页。
2　［春秋］管仲：《管子·轻重丁》，北京：北京燕山出版社 1995 年版，第 554 页。

天子赏文侯以上闻"[1]。这段文字明确告知后人，魏文侯在位时（前445—前396年）就有齐长城了。而魏文侯俘虏齐侯和自己被封为侯的时间大约是在公元前403年，这可以视为中国最早出现长城的时间。《水经注•东汶水注》引《竹书纪年》说："晋烈公十二年，王命韩景子、赵烈子、翟员伐齐，入长城。"[2]晋烈公十二年，是周威烈王二十二年（前404年），文中提到了"长城"，这与上面的时间相吻合。其他可以作为佐证的是出土于洛阳金村古墓的骉羌钟上的铭文，铭文中有"撤率征秦迮齐，入长城，先会于平阴"句。

骉羌钟上的铭文中有"撤率征秦迮齐，入长城，先会于平阴" / 资料图片

"平阴"应当是齐长城西端的起点，即山东平阴城，这段史事也提到了"长城"。《竹书纪年》记载春秋战国事例涉及"长城"的还有：周显王十一年（魏惠王十二年，前358年）"龙贾率师筑长城于西边"[3]和周显王十八年（前351年）"齐筑防以为长城"。

1　向燕南主编：《中国长城志•文献》（下），南京：江苏凤凰科学技术出版社2016年版，第98页。
2　[北魏]郦道元著，陈桥驿、叶光庭、叶扬译注：《水经注全译》（下），贵阳：贵州人民出版社1996年版，第961页。
3　杨宽、吴浩坤主编：《战国会要》，上海：上海古籍出版社2005年版，第1435页。

在司马迁的《史记》中有很多关于修筑"长城"的明确记载。如赵成侯六年（前369年）"中山筑长城"；赵成侯七年（前368年）"侵齐至长城"[1]；魏惠王九年（前361年）"楚、魏与秦接界。魏筑长城，自郑滨洛以北，有上郡"[2]；魏惠王"十九年，诸侯围我襄陵。筑长城，塞固阳"[3]；赵肃侯"十七年，围魏黄，不克。筑长城"[4]；齐宣王年间（前319—前301年）"齐宣王乘山岭之上筑长城，东至海，西至济州千余里，以备楚"[5]；"泰山西有长城，缘河经泰山余一千里，至琅琊台入海"[6]；燕昭王元年（前311年）"今大王不事秦，秦下甲云中、九原，驱赵而攻燕，则易水、长城非大王之有也"[7]；燕昭王二十八年至三十三年（前284—前279年）"燕亦筑长城，自造阳至襄平，置上谷、渔阳、右北平、辽西、辽东郡以拒胡"[8]；秦昭襄王三十五年（前272年）"义渠戎王与宣太后乱，有二子。宣太后诈而杀义渠戎王于甘泉，遂起兵伐残义渠。于是秦有陇西、北地、上郡，筑长城以拒胡"[9]；等等。

从上述引文可以看出，司马迁的《史记》中"长城"一词出现多次。他提到了中山国筑长城、魏国筑长城、赵国筑长城、齐国筑长城、燕国筑长城、秦国筑长城，而未提到楚国的长城。但《史记·秦本纪》中提

1　[汉] 司马迁：《史记·赵世家》，郑州：中州古籍出版社1994年版，第538页。

2　[汉] 司马迁：《史记·秦本纪》，郑州：中州古籍出版社1994年版，第35页。

3　[汉] 司马迁：《史记·魏世家》，郑州：中州古籍出版社1994年版，第550页。

4　[汉] 司马迁：《史记·赵世家》，郑州：中州古籍出版社1994年版，第538页。

5　[汉] 司马迁：《史记·楚世家》，北京：中华书局1959年版，第1732页。

6　参见《史记·苏秦列传》。

7　[汉] 司马迁：《史记·张仪列传》，郑州：中州古籍出版社1994年版，第682页。

8　[汉] 司马迁：《史记·匈奴列传》，郑州：中州古籍出版社1994年版，第871页。

9　[汉] 司马迁：《史记·匈奴列传》，郑州：中州古籍出版社1994年版，第871页。

到楚怀王三十年（前299年），"齐使章子，魏使公孙喜，韩使暴鸢共攻楚方城"。[1] "方城"无疑是楚国的一种军事防御工事。楚国有"方城"的记载，最早见于《左传》，书中讲楚成王十六年（前656年）齐桓公率诸侯伐楚，楚国派使者屈完劝齐桓公退兵说："君若以德绥诸侯，谁敢不服？君若以力，楚国方城以为城，汉水以为池，虽众，无所用之。"[2] 对此，北魏郦道元在《水经注》中说："楚盛，周衰，控霸南土，欲争强中国，多筑列城于北方，以逼华夏，故号此城为万城，或作方字。"[3]《汉书·地理志》记载："叶，楚叶公邑。有长城，号曰方城。"这些文献显示：楚长城的始筑年代应该在公元前656年前，与《管子》中所记载的齐长城的始筑年代大致相同，因此可以说最早的长城出现在春秋时期。

长城的建筑，并不是突然出现的。早期，它是借助"启土""挖沟""种树""劈山"等方式所筑造人工与自然相结合的防卫屏障，实际上是远古时代部落氏族在居住处或村寨周围用"封树"[4]和"土墉"（挖沟引水，堆土起墉）来设防的一种自然延续。而自周朝分封诸侯后，各诸侯建起了大小不一的城邑，并把"封树"和"土墉"的方法扩展到国土的疆界上，形成了长城的雏形。春秋时期，列国争霸，军事冲突愈演愈烈。其中一些小国因都城被攻破而灭亡。频繁的战争，提高了人们

---

1 ［汉］司马迁：《史记·秦本纪》，郑州：中州古籍出版社1994年版，第37页。
2 王守谦、金秀珍、王凤春译注：《左传全译》（上），贵阳：贵州人民出版社1996年版，第202页。
3 ［北魏］郦道元著，陈桥驿、叶光庭、叶扬译注：《水经注全译》（下）卷二十一，贵阳：贵州人民出版社1996年版，第728页。
4 将大小原木打入或埋入土中。

对于"城"的御敌保卫设施的认识能力，促进了对"城"的大力修筑。战国长城就是在这种形势下出现和发展起来的。关于这一点，楚国"方城"的称谓和墨子著作的相关言论具有启发意义。墨子作为春秋战国之际的思想家，提出了以"国备"为中心的备御思想，而其中以构筑城池为核心的筑城理论是一个重要组成部分，应该被看作是对各国修建城池并利用城池进行防御的经验总结，也为早期修筑长城提供了最初的主要蓝本。

墨子的军事思想主要是反对侵略或兼并战争，力主并实践防御，集中体现在《墨子》一书的《非攻》《耕柱》《鲁问》《天志》《备城门》等篇中。其防御筑城理论主要包括以下内容：其一，筑城要建立在富国强兵的基础上；其二，筑城要选择有利地形，并要符合战机要求，于要害处构筑"品字形"亭障，以成互相支援之势；其三，筑城必须着眼于长期防御的需要，城池和各种设施要坚固耐久；其四，城防工事和生活设施要紧密结合，以方便守城人员的住宿、生活；其五，各种战防工事，既能独立自守，又能互相支援，组成完整的防御体系，比如具有防御功能的藩篱、壕沟、吊桥、延堞（小隔城）等设施，要与城内指挥、城上烽燧、报警通信等统筹设置；其六，根据兵器和作战方式的演进，不断改善和增强城防设施，如云梯出现后，他提出了四种应对云梯的办法，包括在敌方使用云梯的地方增高城墙、设置行城拒梯和以火破梯，以及以马、箭、石、沙、开水等杀伤爬梯的敌人和设置障碍物阻拦云梯，等等。墨子的著作中虽然没有明确提出"长城"名物，但我们透过其长城建筑的实践，仍然可以看出其防御思想中具体战略、战术的深远影响。

也许，"长城"最初起名为"长城"而非"长墙"，其意义正在于此。

（二）战国时期长城

中国历史进入战国时期，诸侯国的兴衰不再单纯依靠与周天子血缘关系的亲疏远近了，而是靠综合实力。"战国七雄"——齐、楚、燕、韩、赵、魏、秦适应战争环境的需要，纷纷筑造长城，加强边防以保护自己。

齐国在春秋时期率先发展，成为中原霸主。然而齐桓公之后，国势渐衰，与此同时晋国开始崛起。当时齐国北有燕，南接鲁，西南有曹、宋，西则有卫、晋。虽然在地理上，齐、晋两国并不直接相接，但由于宋、鲁、卫等国皆臣服于晋国，使得齐国地势平坦、防守薄弱的西南平原边境受到了晋国威胁。于是齐国利用原有的堤防在西南修筑了平原长城，随后，又根据形势发展的需要，先后在国境的东南和南面修筑了长城，最后形成了齐国西起黄河河畔，东到黄海海滨，横亘千余里的长城。若依据张维华《中国长城建制考》的三分法，齐长城大致分为西、中、东三段。西段为齐长城的西部起点至泰山，即从岭子头至钉头崖；中段从泰山至穆陵关，即从钉头崖至三棱山；东段则由穆陵关直到齐长城的入海处。

楚国长城，史称"方城"，是当时为防御中原诸侯国的侵扰，在所拓展的东部、北部和西部边界上，依据地形修筑、排列的城堡以及相互联系的城墙。由于楚长城在形制、形式方面与人们常见的北方长城存在较大的差异，目前在对楚长城的认知上还难以达成共识。依据史料，楚

山东省长清区钉头崖段齐长城 / 董旭明摄

长城的修筑年代主要有春秋时期和战国晚期怀、襄之际两说，而其具体的方位以及经由的地点等信息，由于记载较为详细，认识比较统一。郦道元的《水经注》说："叶东界有故城，始犨县，东至瀙水，达泚阳界，南北联联数百里，号为方城，一谓之长城云。郦县有故城一面，未详里数，号为长城，即此城之西隅，其间相去六百里。北面虽无基筑，皆连山相接，而汉水流其南。"[1] 楚长城"大抵西南起自河南邓县，向北入内乡境内，过湍河，经郦县故城北，达翼望山，复向东沿伏牛山脉，经鲁、叶县，

1　[汉]班固撰，[清]王先谦补注：《汉书补注》，上海：上海古籍出版社 2021 年版，第 2332 页。

河南省叶县辛店西坡战国楚长城遗址 / 董旭明摄

河南省南阳市方城县大关口段战国楚长城 / 董旭明摄

折向南跨过沙河达泌阳境"[1]。还有学者杨鲁奇在《楚长城塞与方城山辩考》中认为"楚长城之西端起自竹山县"。

鲁国长城简称鲁长城，是对山东省莱芜区域内调查发现的长城遗迹的命名。鲁国在春秋战国时期与齐、卫、宋、楚等诸侯国接壤，周边国境并不安全。依据文献记载和实地考察，为了防御齐国的军事威胁，鲁国在莱芜境内的山岭北侧也修筑了长城。从外形上看，鲁长城由石砌的矮墙与城堡组合而成。其大致西起莱芜城区的崇崖山，向东沿祖徕山的余脉断断续续蜿蜒分布，东至钢城区的黄羊山与青羊崮一带，总长度约30千米。鲁长城的修筑主要是为防御劲敌齐国，兼具管理经济关税的功能。

魏国由于开国者魏文侯施行政治改革、兴修水利等措施，在战国初期成为强国。后来，到魏惠王时国力渐衰，魏国与秦国在河西地区展开了持久的拉锯争夺。为了战争防御，魏惠王之后，魏国开始修筑长城。根据文献记载和考古调查的结果，魏国长城修建了三条，其一在今河南区域内，因地处河水（古黄河）之南，被称作河南长城，又因其经过古称卷地的今河南原阳原武镇，也被称为卷长城；其二在魏国西境，因在黄河西岸，习惯上被称作河西长城或河右长城；其三则因地名被称为陕县长城。这三条长城的起止及所历地点目前尚存争议，具体长度也待考实。

文献上记载，大致同时期，地处北方的燕、赵、秦三国，在拓展疆

1　瓯燕：《我国早期的长城》，载于《北方文物》1987年第2期，第12—18，11页；叶小燕：《中国早期长城的探索与存疑》，载于《文物》1987年第7期，第41—49页。

土的过程中筑造起的长城，都已深入了北方边陲游牧部落之地。三国都是先用武力拓展边界而后再筑造长城拒止胡人的。正是这时期三国修造的北界长城，为中国后来2 000多年的长城筑造发展史打下了一个基础，所以后世无论怎样评判这段长城的历史，都很难绕开这三国北界长城的肇始话题。笼统地说，燕、赵、秦三国都从当时的内外形势考虑，认为要确保自身的利益在争霸中少受损失，就应该在北边修筑长城。这是因为，战国时期是中国黄河、长江中下游地区由奴隶社会向封建社会的转变时期。随着铁器的广泛使用，生产力迅猛发展，各诸侯国之间的经济、政治关系得以加强，统一的趋向日益强烈了。可以说当时为适应形势的发展，在积极进行改革中而逐渐强盛起来的齐、楚、燕、韩、赵、魏、秦七国，都有以武力兼并各国、雄视天下的愿望。此时生活在北方草原上的少数民族也逐渐强大起来，并先后建立起民族政权。当时燕国北界有东胡；赵国西北有林胡、楼烦，北有檐褴、匈奴；秦国北面有义渠，义渠北面也有匈奴。东胡、匈奴等草原游牧部落当时还处在奴隶社会阶段，所以，他们也像古希腊、古罗马的奴隶主统治集团一样，经常做一些掳掠邻族、邻国财物的事情，整个部族在某种程度上就像是一架巨大的战争机器在运转。这些草原游牧民族驭马、骑马的技术很高，行动起来机动性很强。《史记·匈奴列传》记载，匈奴"逐水草迁徙，毋城郭常处耕田之业。然亦各有分地"，[1]男子自小就学习骑射，一到成年，"尽为甲骑。其俗，宽则随畜，因射猎禽兽为生业，急则人习战攻以侵

---

1 ［汉］司马迁：《史记·匈奴列传》，郑州：中州古籍出版社1994年版，第870页。

辽宁省法库县马鞍山段燕长城 / 董旭明摄

伐"[1]，作战时"利则进，不利则退，不羞遁走"，凡"斩首虏赐一卮酒，而所得虏获因以予之，得人以为奴婢。故其战，人人自以趣利，善为诱兵以冒敌"[2]。东胡、匈奴等游牧部落善于骑射，来去飘忽不定，擅长运动战、野战，显示出很强的战斗力，而燕、赵、秦三国在战国早期的军队主要还是步兵和战车，穿着也是宽衣大袖，限制并影响了战斗力的发挥。因此，三国面对现实，主动顺应时局，进行有针对性的改革，训练骑兵，向北用兵占领高地，并尽可能地在势力到达的最北地修建长城以阻止东胡、匈奴等势力的侵扰。秦、燕、赵三国的北地长城在战国时期作用明显，堪称战国长城的主要代表。

---

1 ［汉］司马迁：《史记·匈奴列传》，郑州：中州古籍出版社1994年版，第870页。
2 ［汉］司马迁：《史记·匈奴列传》，郑州：中州古籍出版社1994年版，第872页。

　　具体而言，战国秦长城在文献和考古调查层面涉及秦昭襄王长城及堑洛、上郡塞等，不仅遗迹和类型繁多，而且认定的修建长度及所历地点也难有一致的结论。在今甘肃、宁夏、陕西和内蒙古等地都有修筑时期不一、修筑类型不一、修筑长度不一的战国秦长城遗存。战国七雄之一的燕国，建国时间较早，它在疆域上北有东胡等势力，西有赵、秦两强国，南有齐国，面临多面侵扰威胁。为了加强军事防御，燕国先后修建了燕北长城和燕南长城两条长城。其中，燕北长城西起今河北省张家口市沽源县（也有学者认为西起怀来），经围场入内蒙古赤峰方向，越敖汉旗再入奈曼旗、库伦旗，然后到辽宁省阜新、彰武至江边。燕南长城大体沿南易水修筑，起止线路从易县入徐水、容城、雄县沿大清河东行，再入廊坊市的文安、大城，现在这两县域内的长城遗迹多被后代的堤防、土路、废弃堤埝及农田、村舍所覆盖。因其遗存认定上还存在差异，所以燕长城的长度尚待进一步考察、核实。赵长城是指赵国自公元前403年建国到公元前222年被秦国所灭的181年间，在南界和北界为固边守土的防御需求而修筑的长城。依据相关文献记载和考古考察结论，赵北长城包括赵肃侯和赵武灵王修筑的北长城。由于赵国南境在今河北与河南两省交界之地，所以，赵所生等研究认为："南境长城甚短，东始于河北肥乡县南之漳水西岸，沿河南至磁县，又折西北而止于武安县西约20千米处，其走向呈'V'形，总长度仅90千米。此长城之建筑时间为赵肃侯十七年（前333年），较北境为早。其建造目的，主要为

甘肃省临洮县古树湾段战国秦长城及烽火台 / 董旭明摄

内蒙古自治区包头市石拐区战国赵北长城 / 董旭明摄

捍卫都城邯郸。"[1] 赵南长城当初是以河防为基础修建的，在历史的风雨中所留遗存不多。而赵北长城史料上记述较多，遗存也不少，既有赵肃侯长城，也有赵武灵王长城，至于其具体的位置、走向、长度乃至于起止点等，学术界观点颇多，很难简单概括表述。

二、万里长城：秦长城

公元前 221 年，被后人称为"千古一帝"的秦始皇嬴政，依靠祖上在开疆拓土中积蓄起来的实力，在不断的征伐中，施展种种谋略，先

1　赵所生、顾砚耕等：《中国城墙》，南京：江苏教育出版社 2000 年版，第 7 页。

后灭掉了韩、魏、楚、赵、燕、齐六个诸侯国，最终建立了中国历史上第一个统一的多民族的封建中央集权制王朝，实现了中国历史上第一次民族大融合。

秦始皇胸怀大志，为统一的秦帝国制定了许多被后人称道的标志性措施，颁布了一系列法令，如废除分封制，设立郡县制，要求并推动"车同轨、书同文、行同伦"[1]以及地同域、量同衡、币同形等措施，不仅统一了文字、法律、货币、度量衡等，而且还在秦、燕、赵三国原来长城的基础上，对长城进行了连接、拓展、加固与重修，进而形成了中国历史上第一条万里长城。

司马迁在《史记》中对修筑这条长达万里的秦长城做过记述。《史记·秦始皇本纪》载，"三十二年，始皇之碣石……始皇巡北边，从上郡入。燕人卢生，使入海还，以鬼神事，因奏录图书，曰：'亡秦者胡也。'始皇乃使将军蒙恬发兵三十万人北击胡，略取河南地。三十三年，……西北斥逐匈奴，自榆中并河，以东属之阴山，以为四十四县，城河上为塞。又使蒙恬渡河取高阙、阳山、北假中，筑亭障以逐戎人，徙谪实之初县。……三十四年，适治狱吏不直者，筑长城及南越地"[2]。《史记·六国年表》复载："三十三年，……筑长城河上，蒙恬将三十万。""三十四年，适治狱不直者筑长城。"[3]《史记·蒙恬列传》载："秦已并天下，乃使蒙恬将三十万众北逐戎狄，收河南。筑长城，因地

1　宋元人注：《四书五经·中庸》（上），北京：中国书店出版社1985年版，第14页。

2　［汉］司马迁：《史记·秦始皇本纪》，郑州：中州古籍出版社1994年版，第45—46页。

3　［汉］司马迁：《史记·三代世表》，郑州：中州古籍出版社1994年版，第221页。

形，用险制塞，起临洮，至辽东，延袤万余里。"[1]蒙恬率人修筑的万里长城，实际上并非简单延用并修葺了燕、赵两国的北线长城，也对秦昭襄王长城作为第二道防线进行过修缮和治理，而秦昭襄王长城与堑洛、上郡塞同属于战国秦长城。应该说这条万里长城对于稳固秦国的北部边防作用极大。司马迁曾借用贾谊的话评价说："乃使蒙恬北筑长城而守藩篱，却匈奴七百余里，胡人不敢南下而牧马，士不敢弯弓而报怨。"[2]也就是说这条万里长城迎合了秦王固边、守土，金城千里，帝业万世的雄心壮志。从司马迁的上述记载中，可以看出中国第一条万里长城修建的原因、过程、作用、方法、原则和大致走向。其中"因地形，用险制塞"的原则，一直为历代封建王朝修筑长城时所遵循。

秦始皇修万里长城当然是为了防范以匈奴为主的北方胡人。就在秦始皇为统一中国向东南征战时，北方的匈奴部落发展迅猛，日益强大起来。其首领头曼单于率兵占领了草原六漠南北的广大区域，后来又乘秦国伐楚无暇顾及北方，且西北方守备空虚的良机，越过阴山和赵国长城及黄河，侵占了河套及其以东地区，并在西边也越过秦国长城，劫掠了陇西、北地（今甘肃宁县西北）、上郡等地。匈奴军队活动频繁，距离秦王朝首都咸阳只有数百里，这引起了秦始皇的高度警惕。

史料记载，公元前215年，秦始皇东巡到达今河北秦皇岛一带的碣石地区，在那里"考方士"，派卢生、韩终、侯公、石生入海去寻求仙人与长生不老之药。随后，他相信"亡秦者胡也"的说法，又从海边开

1　［汉］司马迁：《史记·蒙恬列传》，郑州：中州古籍出版社1994年版，第771页。

2　徐啸天译注：《古文观止·过秦论》（上），天津：天津古籍书店1981年版，第460页。

内蒙古自治区固阳县康图沟段秦长城 / 方志强摄

始前往西北巡视北部边疆，最后由上都（今陕西绥德县）回到京城咸阳（今陕西咸阳市）。此行使秦始皇对于边地形势及匈奴入侵的情况有了更多的了解，最终促使他下定决心派遣青年将领蒙恬率兵驱逐南侵的匈奴。蒙恬是秦国著名将领蒙骜的孙子、蒙武的儿子，他文武兼备，传说中国人写字用的毛笔就是他发明的。他在秦灭楚的战争中已初露才能，赢得了秦始皇的信任，随后被任命为京都"卫戍司令"——咸阳内史。也就在公元前215年夏秋之际，蒙恬奉令率领30万大军，兵分两路征讨西北的匈奴，主力军由上郡经榆林（今内蒙古准格尔旗），进入河套北部，而另一路兵出萧关（今宁夏固原东南）进入河套南部，到初冬时

内蒙古自治区固阳县天盛城段秦长城烽燧 / 方志强摄

节，已将河套地区的匈奴部落全部扫荡肃清。随后，在公元前 214 年初春，蒙恬率军又攻占高阙、阳山（阴山西北的狼山）、北假中（今内蒙古五原西、河套以北、阴山以南地区）。匈奴慑于秦军的武威，向北方退却。蒙恬率军乘势收复了被匈奴一度占据的全部边地。为了秦王朝北部边境的长治久安，防止匈奴势力的再度侵扰，秦始皇命令蒙恬大军继续留守在边疆，开始修筑由高阙沿阴山山脉到云中（今内蒙古托克托县）直至辽东的万里长城，并新建由高阙向西南沿狼山、贺兰山至榆中（今甘肃兰州一带）沿黄河而筑的长城，以之护卫新设立的 44 个县和整个河套地区，使得由内地迁入榆中等地的民众能够安心垦殖。其实，早在秦始皇命令蒙恬逐匈奴、修筑长城之前，就已下令平毁了其他各诸侯国零星分布的长城，这是基于一个统一国家的国界意义考虑的。秦始皇下令修建的万里长城，大体分为西、中、东三段。

秦始皇万里长城的西段是凭借黄河天险而修建的，形式上以障塞城堡为主，并不全是互相连属的长城。其起自甘肃岷县，一部分沿用了秦昭襄王长城，循东北方向经今临洮、渭源、宁夏固原而入甘肃环县、陕西吴起靖边、北达内蒙古准格尔旗东北的十二连城；另一部分从甘肃的临洮北上经兰州东南越榆中，向北沿黄河东北向到达内蒙古与战国时期赵、燕长城重合连接起来。可见，当年横贯甘肃、宁夏南部、陕北、内蒙古的西南至东北方向的秦昭襄王长城已失掉前沿防御作用。所以，有理由推断秦始皇万里长城西段并不全是建在战国秦长城基础上的，或者说这一时期，秦昭襄王长城已不是秦始皇万里长城的主线走向了。

秦始皇万里长城中段，按相关测绘结果来说，大致走向自东经 114° 以西至 106° 之间，沿北纬 41° 左右，由内蒙古兴和县北经黄旗海北岸，绕过集宁区北境，顺大青山而向西，再经察右中旗，武川县南部的南乌兰不浪，固阳县北部的大庙、银号、西斗铺，然后北依阴山，南障黄河后套，经五原、杭锦后旗北境，西抵乌兰布和沙漠北缘。这段长城适应了北逐匈奴、拓土辟疆的形势，部分利用了原战国赵北长城的基础，但更多的是新修、新筑的，建筑地理环境基本依托大青山和阴山，多用当地的毛石块垒砌。在阴山北麓今呼和浩特市辖域，直到临河区北的石兰计山口，还留存着一些保存较好的秦始皇万里长城地段。长城一般高 5 ～ 6 米，每隔 1 ～ 2 千米建有一座小烽火台，隔 5 千米左右建有一座大烽火台和驻军营盘，设置十分合理、巧妙。也有部分用石块垒砌

的墙面有多次维修的痕迹，基宽 4 米，高达 4～5 米。令人惊奇的是沿长城内外，在连绵的山巅上，目前还留存着用石块垒成专供传递军情用的"烽燧""亭燧"的烽火台[1]，山谷间的通道则构筑了一系列史称"障塞"的城堡，用以驻防和储存军需物资，彰显出较完备的军事防御系统的特征。

现代测绘数据显示，秦始皇万里长城东段，大致走向自东经 114°今内蒙古化德县境，沿北纬 42°往东经过今河北康保县南、内蒙古太仆寺旗、多伦县南、河北丰宁、围场县北、内蒙古赤峰市北境及奈曼旗与库伦旗南境、辽宁阜新市北，至东经 122°之间。这段长城从遗存的外在特征上看，有的沿用了战国燕北长城旧迹，有的则是新筑。据文献记载，辽河以东的秦始皇万里长城一直延伸至朝鲜境内平壤大同江北岸，但现在未发现其明显遗存。辽河以西区段的秦始皇万里长城中，据文物考古考察发现，其选址要比燕北长城靠北。过去被称为康保"三道边"即由内蒙古化德到康保东去连接赤峰最北面一道长城，可以确定是秦始皇时期所筑。秦始皇万里长城东段同中段一样，沿线也修筑了许多城池、障塞和烽火台一类的系统防御建筑设施。在今赤峰、围场、丰宁一带的秦始皇万里长城，建在山岭上的多采用当地的自然石块垒砌，方法是内外两侧用较规整的自然大石块，中间填以乱石、碎石块，基宽一般为 2～3 米，横断面呈梯形，下宽上窄，估计当时城墙高度约达 4 米，顶宽约 1 米。在今敖汉旗以东一小段长城建在丘陵间，基本上以土夯筑或土石并用砌

1　烽火台，在汉代称烽燧、亭燧、烽堠，在唐代称烽燧、烽台，而在明代则称墩台、烟墩等。

内蒙古自治区巴彦淖尔市秦长城 / 董旭明摄

造，体现了"因地制宜"的原则。在最新考古考察中发现，在石筑城墙残基上，有的地段发现有明显的墙缝接痕，这证明当时筑造长城为了确保施工质量，分清责任，是按地区分段施工的。

秦始皇万里长城的"因地形，用险制塞"的修建原则，是充分考虑天文、地理等环境因素提出来的。其具体表现为长城大多建在山梁上，而且内侧多为缓坡，便于人员往来行动，而在长城穿越河谷的地段，或以自然形成的沟堑代替墙壁，或在河谷一侧经过人工削、砌增筑一段平行的墙壁，两山之间采用天然石块砌成石墙，形成可控制的"石门"，有的还开有"水门"，以利于长城在穿越山谷要道的地方合理泄洪，更加牢固，还有的在深入山口处的陡立峡谷中截断山路，筑起如同封山水

库大坝一样的石筑或土石混筑的"当路塞"，并在"当路塞"的侧旁修建城堡，派人驻防。

秦始皇修万里长城可谓用心深远，但并没永保"子孙帝王，万世之业"。万里长城建成没有几年，秦始皇就在又一次寻求长生不老药的途中病死了，与他随行的少子胡亥串通赵高和丞相李斯等人修改诏书，诛杀了太子扶苏和将军蒙恬后篡位，秦王朝进入另一个阶段。

史书上说，蒙恬在被迫自杀时，曾叹息道："我何罪于天，无过而死乎？"[1] 随后又检讨说："我是有罪应该死啊，我修万里长城自临洮到辽东，其中怎能没有断绝地脉呢？这是我的罪过啊！"司马迁对此分析议论说："吾适北边，自直道归，行观蒙恬所为秦筑长城亭障，堑山堙谷，通直道，固轻百姓力矣。夫秦之初灭诸侯，天下之心未定，痍伤者未瘳，而恬为名将，不以此时强谏，振百姓之急，养老存孤，务修众庶之和，而阿意兴功，此其兄弟遇诛，不亦宜乎！何乃罪地脉哉？"[2] 司马迁讲的"固轻百姓力矣"，准确点明了秦王朝为修万里长城和直道所耗费的巨大国力与民力，这种有矢民心的工程，被西汉著述《淮南子》的刘安描述过：在当时人口与财力都有限的情况下，50万人参与的宏大规模和西起流沙、东连朝鲜的修建长度，使被委派去修长城和为筑长城运输物资的人付出多少血汗甚至生命！

秦朝修筑长城和戍守边塞是分不开的，当时蒙恬率领的30万大军就驻守在北河防线（今河套北部），万里长城其他地段戍守的军士数量

---

1 ［汉］司马迁：《史记·蒙恬列传》，郑州：中州古籍出版社1994年版，第772页。
2 ［汉］司马迁：《史记·蒙恬列传》，郑州：中州古籍出版社1994年版，第773页。

内蒙古自治区固阳县秦代碾坊障城遗址 / 方志强摄

也不少，戍守边塞远离中原的数百万军民的生活物资无法自给，必须倚仗内地长途运输，从中原每运出 100 石粮食，到了北河守军手里只有半石，百姓负担之重可想而知。《史记》上说，秦始皇"遂使蒙恬将兵而攻胡，辟地千里，以河为境。地固泽卤，不生五谷。然后发天下丁男以守北河，暴兵露师，十有余年，死者不可胜数，终不能逾河而北。……又使天下蜚刍挽粟，起于黄、腄、琅琊负海之郡，转输北河，率三十钟（每钟 6.4 石）而致一石。男子疾耕，不足于粮饷，女子纺绩，不足于帷幕。百姓靡敝，孤寡老弱不能相养，道路死者相望，盖天下始叛秦也"。[1]

---

1 ［汉］司马迁：《史记·平津侯主父列传》，郑州：中州古籍出版社 1994 年版，第 892 页。

当时戍守边塞行为在北方、南方都存在。中国第一次农民大起义领袖陈胜宣称戍边的士卒只有百分之三四十能够生还。当时民谣唱："生男慎勿（莫）举，生女哺用脯。不见长城下，骸骨相支拄。"[1]公元前209年七月发生了一件事，被征发前往北地渔阳戍守的700人，途中遇雨被阻在安徽蕲县大泽乡，他们因为无法按期到达目的地无奈铤而走险，举起反秦的义旗。秦王朝只存在了14年，便在以农民大起义为主的反抗声浪中灭亡了。

三、最长的长城：汉长城

　　秦朝灭亡了，但秦始皇修的万里长城却作为中国大一统的象征留存了下来。在推翻秦朝的大起义中，刘邦打败了同是起义军首领的项羽后建立了汉王朝。整个汉朝特别是西汉时期对长城进行了多次修筑，形成了中国历史上最长的一条长城，它东起辽东，经阴山、河西走廊，向西延伸到新疆，同时在阴山以北为加强防御，增修了两道平行的外长城，总长度达1万余千米。汉长城的修建，对汉代军事防御及战略保障起着重要的作用，至晋、魏、隋、唐时期，它仍是军事战略的运输线、边疆安全的保障线、祖国疆界的奠基石[2]。

1　孙志升、苏君礼主编：《中国长城志·文学艺术卷》，南京：江苏凤凰科学技术出版社2016年版，第11页。

2　甘肃省文物局：《疏勒河流域汉代长城考察报告》，北京：文物出版社2001年版，第84页。

汉长城规模空前，工程浩大。汉长城自东向西分为三段，大致走向是：东段自今内蒙古商都以东至辽东半岛。东起自今内蒙古宁城县入河北承德县、隆化县后，分为西、南两路。段落内沿线墙体连绵性不强，有些区段以烽燧构成警讯线。辽宁地区残留遗迹自阜新市往东，经彰武、法库、开原，然后折向东南，再经新宾、宽甸进入朝鲜境内。中段遗迹自内蒙古商都以西到额济纳旗，由南、北两条平行的长城组成，南侧一条起自武川县域内，西越固阳县、乌拉特中后旗、新忽热和潮格旗，延伸进入蒙古国境内；另一条靠北，东起达茂联合旗西南，西经乌拉特中后旗和潮格旗，先进入蒙古国境内，再转而向南，重新进入内蒙古自治区区域内，至额济纳旗苏古诺尔湖东北，而与西段的汉长城相连接。西段遗迹自内蒙古额济纳旗苏古诺尔湖畔起，沿额济纳河南下，直到甘肃金塔县循北大河向西折转，再沿北山山地南麓和疏勒河畔，直至敦煌市西北小方盘城，再向西经罗布泊、孔雀河畔，由此开始不再筑墙，而改由连绵、展延的烽燧取代。汉武帝在发动反击匈奴的战争时，为加强防御而修筑长城，当然也有经济等方面的考量。早在刘邦与项羽争霸之时，北方的匈奴趁蒙恬已死的良机拓疆南下，重新夺取了河套地区，并把军事力量推进到原来秦昭襄王时期修的长城边。汉承秦制，领有天下。汉王朝对北部、西北部边地和长城的保卫也十分重视，汉高祖刘邦在被封为汉王的第二年（前205年）就"缮治河上塞"，后又亲率周勃等将军平定勾结匈奴、叛离汉朝的韩王信、陈豨、卢绾等人，保证了国家的统一。《史记》中的文字反映了汉朝初期对北边八郡和长城的管理情况。汉高祖"使樊哙击燕。燕王绾悉将其宫人家属骑数千居长城下，……高

内蒙古自治区磴口县汉代鸡鹿塞障城 / 董旭明摄

祖崩，卢绾遂将其众亡入匈奴，……居岁余，死胡中"[1]。汉初，国内初定，社会经济还没有得到恢复和发展，而匈奴却在冒顿单于的率领下东破东胡，西败月氏，征服了邻近诸族，又不断侵入汉朝边境，掠夺人畜财物，破坏生产，军事力量日益强盛。汉朝廷对冒顿单于势力不得不采用忍气的"和亲"政策，远嫁家女，奉献大量衣食器用，并确定以长城为国界，以求绥靖。汉与匈奴互派使者，约定和平共处。《史记》载："先帝制，长城以北，引弓之国，受命单于，长城以内，冠带之室，朕亦制之。……匈奴无入塞，汉无出塞，犯今约者杀之。"[2] 双方虽有约

---

1 〔汉〕司马迁：《史记·韩信卢绾列传》，郑州：中州古籍出版社1994年版，第796页。
2 〔汉〕司马迁：《史记·匈奴列传》，郑州：中州古籍出版社1994年版，第875页。

定，但匈奴并不守信，对长城沿线的袭扰还是时常发生，汉朝与匈奴间的战争仍然不断。到汉武帝刘彻时，国力已经强盛起来，鉴于以往的经验教训，通过两次御前会议讨论，最后决定对匈奴采取坚决抗击的方针。一边积极进攻，主动追击，屯田戍边，武装防御；一边修长城边塞，建烽燧、亭障，使匈奴失去了南侵"大入大利、小入小利"的有利局面，陷入了畜牧凋残、部落离散的境地。与此同时，汉朝也在战略上有所调整，放弃了上谷北边的部分土地，在东边修筑的长城比秦长城的原有线路向南有所后退。元朔二年（前127年）汉武帝发动漠南之战，派两路大军北征匈奴，一路由李息率领出代郡向东吸引匈奴主力；另一路则由卫青率领出云中向西突袭匈奴右部。卫青领兵出云中之后，沿着黄河向西横扫直至陇西，夺取了具有战略意义的河套地区。汉武帝又采纳谋士的建议，在河套地区设郡、徙民、实边，修缮旧时秦万里长城。

元狩二年（前121年）汉武帝发动河西之战，派霍去病出奇兵一次消灭匈奴4万余人，又接收归降的4万多人，打垮了匈奴右部势力，夺取了又一战略要地河西走廊。此后，汉武帝依然移民、设郡、筑塞布防，设置武威、酒泉两郡，并开始建造东起令居（今永登县）区域内黄河西岸，沿河西走廊，西达酒泉北部金塔县的"令居塞"长城，这是汉筑河西长城的第一段。

元狩四年（前119年），汉武帝又发动漠北之战，派大将军卫青率5万骑兵出定襄，骠骑将军霍去病率5万骑兵出代郡，卫青打败匈奴左贤王直攻漠北。在狼居胥山（今蒙古肯特山）筑坛祭天，在姑衍（狼胥山西边之山）辟场祭地，临瀚海（今俄罗斯贝加尔湖）而还。此次战争

甘肃省瓜州县汉代六工城昆仑障 / 董旭明摄

迫使匈奴大部退出今内蒙古东部地区，所谓"是后匈奴远遁，而幕南（漠南）无王庭"[1]。西汉王朝随之迁乌桓人到边塞地区作为防御匈奴的屏障，并开始修缮、利用秦始皇万里长城。据史料记载，元鼎六年（前111年）汉武帝乘破匈奴之势，在河西走廊增设张掖、敦煌两郡，"于是酒泉列亭障至玉门矣"[2]。至元封三年（前108年）完成了汉筑河西第二段长城的建筑。

太初四年（前101年），汉武帝又在派李广利征伐大宛之后，继续

---

1 ［汉］司马迁：《史记·匈奴列传》，郑州：中州古籍出版社1994年版，第878页。

2 ［汉］司马迁：《史记·大宛列传》，郑州：中州古籍出版社1994年版，第951页。

修筑从敦煌西即玉门至盐泽[1]的长城亭燧。《史记·大宛列传》载："敦煌置酒泉都尉；西至盐水，往往有亭。"[2]这段长城是汉筑河西长城的第三段。西汉河西长城是随着河西四郡的建立而建立的，它对促进这一地区转变为农业区或农牧交错区，为西汉势力进入西域，开辟并保护交通要道"丝绸之路"产生了重要意义。西汉在酒泉北向至阴山，还建造了汉外长城，这样就把河套地区和河西地区安置在了双层长城的防线之内。《汉书·匈奴传》载："汉使光禄徐自为出五原塞，挺进数百里，远者达千里，筑城障列亭到卢朐，而使游击将军韩说、长平侯卫伉屯其旁，使强弩都尉路博德筑居延泽上。"[3]卢朐，当在今阿尔泰山南麓，也有说是今狼山北麓的。《汉书·地理志》颜师古注："武帝使伏波将军路博德筑遮虏障于居延城。"[4]可见，汉外长城实际是由徐自为修的"光禄塞"长城和路博德修的"居延塞""遮虏障"长城两部分组合而成，始建于太初三年（前102年），起到了安边、拒扰的作用。汉武帝以后，西汉王朝对长城防御系统工程的修缮或新筑，主要集中于汉昭帝及汉宣帝时期。汉昭帝时期修筑的东段汉长城，大致起自今朝鲜北部清川江出海处的番汗附近。到了汉宣帝时期，为了对西域进行有效管理，继续筑城、屯戍，设置西域都护府于乌垒城（今新疆轮台东北策大雅），以管理西域大宛、康居、桃槐、疏勒等三十六属国，以后西域属国发展为五十个，

1　盐泽，也称"蒲昌海"，在今新疆罗布泊。
2　［汉］司马迁：《史记·大宛列传》，郑州：中州古籍出版社1994年版，第953页。
3　［汉］司马迁：《史记·匈奴传》，郑州：中州古籍出版社1994年版，第880页。
4　［汉］班固撰，［唐］颜师古注：《汉书》，北京：中华书局2020年版，第1445页。

甘肃省酒泉市金塔县汉代石营坞障城 / 董旭明摄

并且《资治通鉴》上说"自驿长、城长、君、监……将、相至侯、王，
皆佩汉印绶，凡三百七十六人"[1]。匈牙利学者斯坦因于 20 世纪初曾在
罗布泊的孔雀河北岸至库车西北的古道上发现绵延的烽台，其结构与甘

---

1 ［宋］徐天麟撰：《西汉会要》，上海：上海古籍出版社 2006 年版，第 402 页。

肃地区的汉亭燧相同。汉长城军事防御系统的建筑设施除了城墙和与之相连的城堡外，其他形式还有列城、亭、障、烽（燧）、塞、堑壕、土垒、天田、坞等，往往根据防御地点的环境及重要性而设置。而具体的筑造方法，有人曾总结说：西汉长城"非皆以土垣也，或因山岩石，木柴僵落，溪谷水门，稍稍平之，卒徒筑治，功费久远，不可胜计"[1]。汉代在构建系统的长城军事防御工程时，特别重视障、塞、亭、燧的建设并建立了严密的烽燧制度。据《居延汉简》记载，汉时有"五里一燧，十里一墩，三十里一堡，百里一城"的规定。烽燧在当时起到了快速、便捷传递军情的作用。

烽火台一般由一人戍守，全家人参与值守。他们住在一个用土墙围成称作"障"的小院子里，一般墙高 5～6 米，面积 30～40 平方米，里面筑有两间简单的房舍，障外还有一个被称作"坞"的稍大的院落，但墙面要低矮些。在规模大的要塞城障里，则集中了一定的兵力并囤积一定数量的粮草，有较强的防卫和存活能力。史料记载：东汉建初元年（76 年），戍守西域疏勒城堡的士兵正是依靠这类城障，在数万匈奴兵的轮番围攻中坚持了好几个月，等到从千里外冒雪赶到的援军到达而获救、撤离时，戍守士兵只剩下了 26 人，最后生还回到玉门关的只有 13 人。这段长城城堡守卫战和伟大的救援行动，在中国的军事史上算得上是一次奇迹。东汉时期修筑长城防御的事例，见于史籍的主要有：光武帝建武十二年（36 年），"骠骑大将军杜茂将众郡施

---

1 ［汉］班固撰，［唐］颜师古注：《汉书·匈奴传》，北京：中华书局 2020 年版，第 3064 页。

刑屯北边，筑亭堠，修烽燧"[1]。光武帝建武十三年（37年）杜茂和王霸"治飞狐道，堆石布土，筑起亭障，自代至平城三百余里"[2]。光武帝建武十四年（38年），马成"代杜茂缮治障塞，自西河至渭桥，河上至安邑，太原至井陉，中山至邺，皆筑堡壁，起烽燧，十里一堠"[3]。还有光武帝建武二十一年（45年）遣中郎将马援及段忠"分筑烽堠堡壁"等。这些东汉长城防御工程的位置无疑从西汉长城向南退缩了很多，其规模更小得多了。

"汉边郡烽火候望精明，匈奴为边寇者少利"[4]，汉代重视长城预警系统的建设和使用，使得朝廷能保留数量可观的机动兵力用于堵截或进攻，而这些大部队和平时期驻扎在内地，因而避免了劳师耗力，减少了养兵成本，这是汉长城比前代长城特别是秦始皇万里长城稍显进步的地方。

世界史上最长的汉长城在防御和进攻匈奴方面都发挥了重大的作用。匈奴部落正是在汉长城的节节伸延与固守中，逐渐向西、向北退守、迁移。

1　［南宋］范晔撰，［唐］李贤等注：《后汉书·光武帝纪》，北京：中华书局2020年版，第49页。

2　［南宋］范晔撰，［唐］李贤等注：《后汉书·铫期王霸祭遵列传》，北京：中华书局2020年版，第578页。

3　［南宋］范晔撰，［唐］李贤等注：《后汉书·朱景王杜马刘傅坚马列传》，北京：中华书局2020年版，第611页。

4　［汉］班固撰，［清］王先谦补注：《汉书补注》，上海：上海古籍出版社2021年版，第5660页。

四、北方少数民族修筑的长城：北朝长城

（一）北魏长城

在中国长城的修建史上，不仅汉族王朝修建过长城，少数民族王朝也修建过长城，其中最早的当数在入主中原后建立起来的北魏王朝，他们是继匈奴之后在北方迅猛发展起来的鲜卑人。鲜卑起源于大鲜卑山（在今内蒙古额尔古纳河南岸、大兴安岭北），今呼伦贝尔市鄂伦春自治旗区域内的嘎仙洞，就是当年鲜卑祖先的旧墟。

东汉和帝刘肇时期，北匈奴由于战败而向西迁移。鲜卑的祖先由大鲜卑山向西迁至大漠南北的匈奴故地。因长期与当地匈奴人杂居、通婚，在相互融合中形成了拓跋鲜卑、铁弗匈奴等部落。拓跋鲜卑自称是黄帝之后，受封于北土，而鲜卑语称土为拓，称后为跋，鲜卑人又谓黄帝以土德王，因此取拓跋为氏。鲜卑人在汉朝末年及两晋、南北朝时期成为中国北方的一支活跃力量。道武帝登国元年（386年），鲜卑首领拓跋珪乘苻坚淝水之战兵败之机复国，在牛川（今呼和浩特市东南）即代王位，同年迁都盛乐[1]，改国号为魏，称魏王，北魏建国。天兴元年（398年），又迁都到平城（今山西省大同市）即帝位，历史上由鲜卑人做最高统治者的北魏王朝由此确立。《魏书·太宗纪》载，北魏明元帝拓跋嗣泰常八年（423年），"蠕蠕犯塞，二月戊辰，筑长城于长川之南，

1　故址在今内蒙古自治区和林格尔县西北土城子村北。

包头北魏长城北线——达尔罕茂明安联合旗鱼海滩没墙体 / 包头博物馆提供

起自赤城，西至五原，延袤二千余里，备置戍卫"[1]。蠕蠕，就是柔然，史书上也有称柔蠕、芮芮、茹茹的，实际上茹茹是柔然民族的自称之辞。柔然本为东胡族的支属，由鲜卑人和匈奴人后裔构成，于公元402年建立政权。其首领社仑自称丘豆伐可汗，逐渐建立军队和政权，政治中心设在敦煌、张掖以北的弱洛水畔。随着柔然势力的日益强大，其活动区域也不断扩大，并不断侵扰北魏，太祖道武帝和太宗明元帝曾多次用兵对其征伐。此时，为防御柔然和防备东北部契丹的袭扰，明元帝仿效秦汉王朝防御匈奴的办法，于泰常八年（423年），在今河北北部的草原或与草原接壤的地区修筑了一条长城，它东起今河北赤城东北，经河北

---

1 ［北齐］魏收：《魏书·太宗纪》，北京：中华书局1974年版，第63页。

张北、尚义，入内蒙古化德、商都、察右后旗、察右中旗、四子王旗、武川、固阳，再西入阴山之中，长度约 1 000 千米。明元帝在修筑这条长城后去世，其后，北魏太武帝拓跋焘继承了他的基业，为加强对北部边境的防御，又在长城线上设置六个军镇，并在要害处派重兵把守，这六镇自西而东分别是：沃野镇（镇治所在今内蒙古五原北）、怀朔镇（镇治所在今内蒙古固阳）、武川镇（镇治所在今内蒙古武川西）、抚冥镇（镇治所在今内蒙古四子王旗东南）、柔玄镇（镇治所在今内蒙古兴和）、怀荒镇（镇治所在今河北张北县北）。

在北魏前期，六镇具有拱卫首都平城的作用，地位很高，多以"良家子弟"戍守，重镇主将往往迁升相位。随着形势的发展，柔然对北魏的威胁逐渐减弱，与此同时，魏孝文帝又迁都到洛阳，六镇地位开始下降，社会矛盾尖锐起来，从而导致了历史上的六镇起义。虽然六镇起义被镇压了，但是六镇逐渐荒颓之势已无可避免。值得关注的是后来北齐、北周统治集团的人物多出于六镇。六镇之外，孝文帝太和年间，北魏还在长城防御线上增建了御夷镇，初期镇治所在今河北省沽源县东北，后来迁移到赤城县独石口一带。据《水经·沽水注》载，御夷"城在居庸县西北二百里，故名云候卤。太和中，更名御夷镇"[1]。御夷镇是靠近长城设置的，明显是为了加强边境的防御。北魏除了在北部筑城置镇之外，还于太平真君七年（446 年），从司州（治所在京都平城，即今大同市东，统辖京都附近各郡）及其邻近的幽、定、冀诸州征发十万人，

1　［北魏］郦道元著，陈桥驿、叶光庭、叶扬译注：《水经注全译·湿余水、沽河、鲍丘水、濡水、大辽水、小辽水、淇水》，贵阳：贵州人民出版社 1996 年版，第 491 页。

在平城周围的上千里地面修筑史称 "畿上塞围"的长城，以环护京城及其辖区的安全。据《魏书·世祖纪》载，"丙戌，发司、幽、定、冀四州十万人筑'畿上塞围'，起上谷，西至于河，广袤皆千里"[1]。"畿"古代指称都城周围的地方及其所管辖的地区，所谓"畿上塞围"就是指环绕京城的地区所修筑的军事防御工程。"起上谷"是说塞围的起点是"上谷"，当时郡治在今北京市延庆附近的居庸县，而"河"指黄河。其大致走向由居庸关向北，经河北、山西北境，而后进入内蒙古兴和县，再由兴和经丰镇、凉城、和林格尔及清水河南直达黄河东岸，这是环绕平城北面的长城；环绕平城南面的，则由居庸关起始，向西偏南行，至山西灵丘后再向西，历经今平型关、雁门关、宁武关、偏关，终达偏关县老营北。"畿上塞围"修筑时间跨度在太平真君七年（446年）六月至九年（448年）二月，共用了一年八个月，其劳民伤财的规模由此可见。当然，北魏长城也为明代该段内、外长城的修建打下了基础。

公元534年，当北魏王朝分裂为东、西魏后，据《魏书·孝静帝纪》载，东魏也曾修筑过长城：武定元年（543年），当朝丞相高欢 "召夫五万，于肆州北山筑城，西自马陵戍，东至土磴。四十日罢"[2]。从所用时间来推断，这段长城可能是用了北魏 "畿上塞围"南环长城的旧基修补而成的。

---

1 ［北齐］魏收：《魏书·世祖纪》，北京：中华书局1974年版，第102页。
2 ［北齐］魏收：《魏书·孝静帝纪》，北京：中华书局1974年版，第306页。

（二）北齐长城

公元 550 年，本是汉人的高洋，在鲜卑文化、习俗的浸染下，受父亲高欢的影响，做了东魏的相国，受封齐王。他依靠多年积下的实力废了东魏孝静帝，自己即皇帝位，建国号齐，改元天保，都城依然定在邺（今河北临漳西南），为区别于南方萧道成废南朝刘宋所建的齐朝，历史上称之为高齐或北齐。北齐是一个地方性政权，建立后，领承东魏的疆土，占有今洛阳以东的河南、山西、河北、山东和辽宁、内蒙古各一部分，东滨渤海，南与梁朝（557 年梁亡后为陈）为邻，西与西魏（556 年西魏亡后为北周）相接，北与柔然、契丹、突厥、库莫奚毗邻。可见北齐面临来自多方面的威胁，蠕蠕寇其北，北周伺其西，随时有国破家亡的隐患，要想争霸中原，扬威华夏，必选强军、固防之策。史料记载，北齐在立国的 27 年中，为了加强对游牧民族和西魏（后来是北周）的防御，在对北方强敌柔然、突厥、契丹用兵的同时，还在北部和西部多次修筑过长城，主要有六次。

第一次，北齐文宣帝天保三年（552 年），自黄栌岭"起长城，北至社平戍，四百余里。立三十六戍"[1]。这条长城是用来防御稽胡和西魏的，大致沿吕梁山脉绵延 200 千米。黄栌岭位于北齐南朔州西河郡（今山西省汾阳）西北 30 千米，在今山西省离石区境，社平戍则位于朔州广安郡（今山西朔州市）西南，在今山西省五寨县区域内。

---

1 ［唐］李百药：《北齐书·文宣》，北京：中华书局 1972 年版，第 52 页。

第二次，北齐文宣帝天保六年（555年）三月，"发寡妇以配军士筑长城。""是岁，高丽、库莫奚并遣使朝贡。诏发夫一百八十万人筑城，自幽州北夏口，西至恒州，九百余里。"[1]北齐时的夏口在今北京市居庸关的南口附近，恒州即今山西省大同。考察发现，北齐这段长城大致是沿北魏长城线进行修葺和增筑的。

第三次，北齐文宣帝天保七年（556年），"自西河总秦戍筑长城东至海，前后所筑，东西凡三千余里，六十里一戍，其要害置州镇，凡二十五所。"[2]"六十里一戍"在《资治通鉴》中表述为"率十里一戍"。据顾祖禹《读史方舆纪要》考证，西河当指北齐南朔州西河郡，总秦戍是鲜卑语军戍名称，位于今山西省大同市西北地区。海是指今河北省秦皇岛市山海关区域的渤海。这段长约1 500千米的长城，当是利用了天保三年所筑的黄栌岭至社平戍长城以及天保六年修筑的夏口至恒州长城，在对其进行增补和连缀工作后而成，其中夏口至海的段落部分是沿燕山南麓而筑的。

第四次，北齐文宣帝天保八年（557年），"初于长城内筑重城，库洛拔而东，至于坞纥戍，凡四百余里。"[3]北齐修建的这段长城，从位置与走向上看，与北魏"畿上塞围"之南环长城密切相关，因为历史上库洛拔在今山西省代县与朔州交界处，而坞纥戍在今山西省灵丘县西南境。

---

1 ［唐］李延寿：《北史·齐本纪》，北京：中华书局1974年版，第253页。

2 ［唐］李延寿：《北史·齐本纪》，北京：中华书局1974年版，第253页。

3 ［唐］李延寿：《北史·齐本纪》，北京：中华书局1974年版，第254页。

山西省大同市广灵县北齐长城 / 董旭明摄

第五次，北齐武成帝河清二年（563 年）四月，司空斛律"光率步骑二万，筑勋掌城于轵关西，仍筑长城二百里，置十三戍"，"诏司空斛律光督五营军士筑戍于轵关"。[1] "轵关"在今河南省济源西北，为太行八陉之第一陉。这条长城沿太行山走向，显然是为防御北周犯边而修建的。

第六次，北齐后主天统元年（565 年），北齐斛律羡"以北虏屡犯边塞，须备不虞，自库堆戍东拒于海，随山屈曲二千余里，其间二百里中凡有险要，或斩山筑城，或断谷起障，并置立戍逻五十余所"[2]。据考证，库堆戍即今古北口。史书上载，公元 563 年突厥曾发动 20 万兵

---

1 ［唐］李百药：《北齐书·斛律金》，北京：中华书局 1972 年版，第 223 页。
2 ［唐］李百药：《北齐书·斛律金》，北京：中华书局 1972 年版，第 227 页。

民毁坏长城。翌年，又几次发生用兵大肆劫掠幽州（今北京市）、恒州（今山西省大同市）。所以在因果上说，这次修筑长城是为防御突厥袭扰而对以前北部长城的补修和连缀。

北齐立国仅28年便被北周所灭。在政权存在不长的时间里，处于三面作战的不利境地，国力、物力、财力均有限，却对长城进行过多次修建，其结果是连缀成两条主线。其中一条为北面的"外边"，自今山西省西北芦芽山、管涔山向东北延伸，经大同、阳高、天镇北境入河北省张家口赤城县境，再沿燕山山脉东南方向经北京、天津、河北省唐山市入秦皇岛市到山海关区至海。另一条是南面的"内边"，其西起点位于晋西北偏关一带向东南行，至宁武县北转向东北，沿恒山山脉向东而进入河北省，再沿太行山北上而与"外边"长城在今北京市西北相连。目前，学术界普遍认为该段长城和明长城中东部的位置大体一致。例如在山西省偏关老营镇南有一段长约25千米的北齐长城遗址，在走向上，其先是与明长城并行，南行至新庄子村后两者分开，明长城趋向西南，北齐长城则走向偏东南，借地形、山势绕弯之后，在北场村南复与明长城会合、重叠，可见大部分北齐长城可能已被明长城所覆盖了。

（三）北周长城

北周是在推翻西魏政权后建立的。公元556年，宇文泰死。次年，其子鲜卑人宇文觉在叔父西魏辅政大臣宇文护的操纵下，篡夺西魏政权建立了北周。北周到了武帝（宇文觉之弟宇文邕）时，发展强盛起来，于武帝建德五年（576年）发兵攻占北齐晋阳。建德六年（577年）凭借实力继续东进，成功攻入北齐的京都邺城，灭了北齐，统一了中国北方。而此时北边强盛的突厥不断犯边，为巩固势力范围，防御边地袭扰，北周承续前朝修筑长城的传统，于周静帝大象元年（579年）在北齐长城的基础上修筑北周长城，用以防御突厥的袭扰。突厥，最初的起源地是准噶尔盆地之北，原是一个以狼为图腾的部落，游牧于金山（今阿尔泰山）一带，而金山形如兜鍪（古代战盔），当地称兜鍪为"突厥"，因以名其部落。在5世纪中叶，其先被柔然征服，后又打败柔然，于公元552年建立突厥汗国，汗廷设在于都斤山（今蒙古国境内杭爱山之北山），疆域最广时，"其地东自辽海以西，西至西海万里，南自沙漠以北，北至北海五六千里，皆属焉"[1]。《周书·异域下》言其"威服塞外诸侯"。对此，北齐、北周都有惧避之心，彼此都担心对方与突厥交好，于己不利，所以竞相笼络突厥，与之通婚、交往。突厥则借势周旋于二者之间，不断乘机袭扰两国边地，掠夺人口和财物。

《周书·于翼传》载："大象初，征拜大司徒。诏翼巡长城，立亭障。西自雁门，东至碣石，创新改旧，咸得其要害云……先是，突厥屡为寇掠，居民失业。翼素有威武，兼明斥候，自是不敢犯塞，百姓安之。"[2]《周书·宣帝纪》又载：静帝大象元年，突厥袭犯并州，六月"发山东诸州民修长城"[3]。上文中所谈"碣石"，泛指今河北省秦皇岛市昌黎

---

1 向燕南主编：《中国长城志·文献》（上），南京：江苏凤凰科学技术出版社2016年版，第152页。

2 向燕南主编：《中国长城志·文献》（上），南京：江苏凤凰科学技术出版社2016年版，第150—151页。

3 向燕南主编：《中国长城志·文献》（上），南京：江苏凤凰科学技术出版社2016年版，第148页。

县以碣石山为标志的临近渤海地区，以及与山海关接壤的辽宁省绥中县西部。关于北周长城，学术界一般用"创新改旧"来概括，也就是说北周长城既有沿用北齐长城的部分，也有新筑地段，但目前还未对其新筑地段做出科学、准确的断定。

五、再度统一的帝国长城：隋长城

北周统治者为防患北部边境征调百姓修筑长城不久，北周大定元年（581年）三月三日，宫廷内发生了一次政变。北周9岁的静帝宇文阐以丞相杨坚众望有归为由，下诏宣布禅让。而以皇后父亲名义入宫辅政的隋国公杨坚于临光殿即位，定国号"隋"，改元开皇，筑大兴城（今西安东南），9年后，扫灭了中原割据势力，统一了中国，从而结束了西晋末年以来近300年的多民族争霸的分裂局面。

隋朝建立初期，在边境北部仍然有一些势力强大的少数民族，如突厥、契丹、库莫奚、吐谷浑等，尤其是突厥。当时夺得突厥汗位的沙钵略可汗，应其妻北周宗女千金公主的请求，借口为周复仇不断越过长城袭扰边地，隋朝统治者不胜其烦，一边反击突厥的袭扰，一边开始不断修筑长城。隋炀帝杨广当政之后，长城的修筑也未停止。据史料记载，隋朝修筑长城共有七次。

第一次，《资治通鉴》记述，隋文帝开皇元年（581年）夏四月，"召汾州刺史韦冲为兼散骑常侍。时发稽胡筑长城，汾州胡千余人，在涂亡叛。帝召冲问计，对曰：'夷狄之性，易为反覆，皆由牧宰不称之所致。臣请以理绥静，可不劳兵而定。'帝然之，命冲绥怀叛者，月余皆至，并赴长城之役"。《隋书》亦载，"是月，发稽胡修长城，二旬而罢"[1]。上述文献中"发稽胡修长城"的地点，当指山西西北部，而"二旬而罢"说明用时不长，由此可以推知这次修筑长城只是对前朝长城的修葺。

第二次，据《资治通鉴》载，开皇元年（581年）十二月，突厥"与故齐营州刺史高宝宁合兵为寇。隋主患之，敕缘边修保障，峻长城……屯兵数万以备之"。隋朝营州治所在今辽宁省朝阳市，所以，这次修竣的应该是前朝东部的长城。

第三次，开皇五年（585年），隋朝又修筑了西起灵武（今宁夏灵武西南）黄河东岸，东至绥州（今陕西绥德西）的长城，其走向大致与今陕西省与内蒙古自治区交界的定边、靖边一带明长城相一致。据《隋书》记载，隋主"令发丁三万，于朔方、灵武筑长城，东至黄河，西拒绥州，南至勃出岭，绵亘七百里"[2]，以遏胡寇。上文中的"东至黄河，西拒绥州"，在《资治通鉴》中记述为："东距河，西至绥州"[3]，当有笔误。

第四次，司马光《资治通鉴》上记述，开皇六年（586年）二月，"丁亥，隋复令崔仲方发丁十五万，于朔方以东，缘边险要，筑数十城"。隋朝朔方郡的治所在今内蒙古乌审旗南白城子，这次兴筑的不是连贯的长城，而是局部的凭险守备、遥相呼应的一系列城障，方位当在今神木、

1　［唐］魏徵等：《隋书·高祖纪上》，北京：中华书局2010年版，第15页。

2　［唐］魏徵等：《隋书·崔仲方传》，北京：中华书局2010年版，第1448页。

3　向燕南主编：《中国长城志·文献》（上），南京：江苏凤凰科学技术出版社2016年版，第182页。

榆林、横山一线。

第五次，开皇七年（587年）二月，"是月，发丁男十万余修筑长城，二旬而罢"[1]。此次修筑工程只写出了时间和参与人数，未标明起讫地点，有可能是连接上年所修城障的后续完善工程。

第六次，隋炀帝大业三年（607年）秋七月，"发丁男百余万筑长城，西距榆林，东至紫河，一旬而罢，死者十五六"[2]。"一旬而罢"在《北史·隋本纪下》中作"二旬而罢"，史料记载用工时间有出入。隋朝榆林为隋开皇七年所置县，治所在今内蒙古准格尔旗十二连城，开皇二十年分云州置胜州，治所即在榆林。大业三年改胜州置榆林郡，榆林又为郡的治所。紫河，即今之浑河，蒙语名乌兰木伦（红河），上游称苍头河。紫河由山西省右玉县的杀虎口附近流经内蒙古自治区和林格尔县和清水河县入黄河。据考证，这条长城西起十二连城东南黄河东岸清水河县的王桂窑乡二道塔北，东至杀虎口北的和林格尔县二道边村，长约100千米，主要是为控扼北方游牧民族南下山西平鲁、朔县的通道，战略地位十分重要。据《隋书》记载，隋炀帝修筑这段长城时，突厥的启民可汗曾向隋炀帝上表称臣说："臣今非是旧日边地可汗，臣即是至尊臣民。"表示突厥当时已臣服于隋，但隋炀帝在答复时说："碛北未静，犹须征战。"可见隋炀帝下令修筑此段长城是有现实和长远考虑的。然而，此次修筑长城时间紧迫，《隋书》上称"死者十五六"，可见人民为此付出的牺牲极大。

1　［唐］魏徵等：《隋书·高祖纪上》，北京：中华书局2010年版，第25页。
2　［唐］魏徵等：《隋书·炀帝纪上》，北京：中华书局2010年版，第70页。

第七次，大业四年（608年）"秋七月辛巳，发丁男二十余万筑长城，自榆谷而东"[1]。榆谷的地理位置，按《资治通鉴注》说，"当在榆林西"，顾祖禹在《读史方舆纪要》中考证为今青海贵海黄河岸侧。由此可以说这次在今青海、甘肃交界之地修筑的长城，东部是与先前所修长城相接的，主要目的是隋朝为防御并攻灭当时颇有实力的吐谷浑的。

隋炀帝好大喜功，执政时挖运河、修御道、筑长城，并多次出征巡视长城。有一次他还写了《饮马长城窟行·示从征群臣》，诗的开头写："肃肃秋风起，悠悠行万里。万里何所行？横漠筑长城。岂台小子智，先圣之所营。树兹万世策，安此亿兆生……"[2] 以此表明他劳民伤财修筑长城是 "安此亿兆生" 政策的承续，认定隋筑长城只不过是秦汉以来各朝代持续不断修筑长城的继续而已。的确，有研究说明，隋长城东起碣石（指古碣石地区，包括今山海关东姜女坟附近海岸），历经卢龙塞（今喜峰口）至紫河（今兴和县西部东洋河），再分为两条支线行进，北线由紫河循阴山西达丰州（五原郡）西境的榆谷（今内蒙古乌拉特后旗南狼山西段），南线由凉城县南的达速岭、总秦戍（今清水河县西）等而西达灵州北境的黄河东岸。隋长城东段基本上是在北齐长城基础上修缮的，而西段则多为秦汉长城的沿用。作为继汉长城后又一个大一统帝国修筑的隋长城，其在万里长城的修筑史上具有承前启后的作用。

1　［唐］魏徵等：《隋书·炀帝纪上》，北京：中华书局2010年版，第71页。

2　孙志升编著：《长城诗歌》，秦皇岛：燕山大学出版社2019年版，第20页。

六、被历史遗忘的长城：金长城

金长城，人们习惯称作金界壕，是指女真族废辽建立金王朝后修筑的长城。金长城也是自秦汉以来，由中国北方少数民族修筑的长城，是中国历史上又一道万里长城。

公元 12 世纪，兴起于中国东北地区的女真族完颜部首领阿骨打剿灭了由契丹族建立的辽王朝，建立了金王朝。女真，源自唐时黑水靺鞨，该部族在汉至晋时期称挹娄，南北朝时称勿吉。所谓"黑水"即今黑龙江，因女真长期居住于黑龙江、松花江流域，故名"黑水靺鞨"。唐时另有一部称粟末靺鞨，辽在灭粟末靺鞨建立渤海政权后，黑水靺鞨也改隶于辽，从此开始以女真之名见于史籍。金王朝最初建都上京会宁府（今黑龙江省哈尔滨阿城），继迁中都燕京（今北京市），后又迁都南京开封府。金朝最强盛时的疆域十分辽阔，东北到今日本海、鄂霍次克海、外兴安岭，西北到蒙古，西以河套、陕西横山、甘肃东部与西夏接界，南达淮河、秦岭与南宋为界。

就在金王朝忙于建国拓边时，活跃于北方蒙古草原的蒙古族部落也逐渐强大了。蒙古，最初出现于唐代文献记载，称"蒙兀室韦"。初，徙居于额尔古纳河流域，后来逐渐向西发展到鄂嫩、克鲁伦、图拉三条河的上游肯特山一带，日渐强大起来的蒙古族不断侵扰、蚕食金王朝控制的地区。为此，接受汉文化的影响并借鉴人类早期在聚落周围设置环壕的生存经验，金王朝开始在与蒙古相接触的北方沿边地带设置城堡，开挖界壕，进而又连接堡戍、修筑墙体，形成了主要防御骑兵的长城。

金王朝修筑长城的起始年代，目前文献中没有明确的记载，但一般认为大致始于金太宗天会年间（1123—1135 年），经大定、明昌、至承安三年（1198 年），前后分三个阶段竣工。其后虽仍有零星的施工，但均系修缮和补充。在《金史》《元史》中称长城为"边堡""界壕""壕堑""堑壕""濠磊""濠堑""垣磊""磊堑"等，并不称"长城"。据文物部门的考古调查，金长城遗迹的总长度为 3 989.25 千米。总体走向有两道，一道起于大兴安岭额尔古纳右旗上库力，由根河南岸西行，穿呼伦贝尔草原，经满洲里市北穿越国境，再西达蒙古国肯特省德尔盖尔汗山以北的沼泽地中，全长 700 余千米。这条长城是否是在原辽长城的基础上修筑的，因为文献记载欠详，尚待讨论。另一道东北起自嫩江西岸莫力达瓦达斡尔族自治旗尼尔基镇北约 8 千米嫩江西岸的前后七家子村是起点，向西南止于包头市东黄河北岸，这条长城除两端为单线分布外，中间还有分内（南线）、外（北线）、中三线的或其他多条支线的。

　　金长城历史上除称金界壕外，还称作明昌新城、明昌界壕、金源边堡、兀术长城等。因其大部分修筑在成吉思汗 1204 年大战金国回兵翰难河的路线上，也有称其为"成吉思汗边堡"的。金长城的修筑也注重合理利用地势，如在山岭之上的，一般修筑在坡度较陡的一侧；也有以河流为防线、沿河筑造的。金长城周全的防御体系由长城界壕和边堡、关隘组成，而界壕的主要结构是挖一条有一定宽度和深度的堑壕，以之阻碍战马的冲越，在堑壕内侧再垒筑起有一定高度的长墙。防御主线的长城比支线的长城还要增修副壕、副墙和马面等设施，形制上也有所区别。现存遗迹调查显示，主线残存墙高一般 3 ～ 4 米，基宽 10 ～ 12

内蒙古自治区达里诺尔金长城遗址 / 董旭明 摄

米，顶宽 1.5～2.5 米不等，分土石堆筑和夯土筑造等。外侧马面间距
80～120 米，伸出墙外 4～5 米，高出墙身 1～2 米，底宽 6～8 米，
多设在险要地段或墙身转折处。主墙上或堑壕附近还在 500～2 500 米
的间隔内加筑烽台，目测其残高在 5～6 米，山顶、谷口或城墙转折处
筑有供瞭望和传递信息用的烽燧。在重点防御地段的主堑壕，口宽 10
米左右，底宽 3 米，残深 2 米左右。副墙残高 2 米以下，残宽 6 米上下，
不设马面，与主墙间距大约 20 米。副壕宽 5～6 米，在个别平缓山坡
地带，也有除修筑主、副墙外，另加修一道外墙的。在整体上，支线长
城的形制无论墙、壕的宽、高都不及主线，既没有马面，也不设副墙。

　　边堡、关隘是金王朝戍边军队的驻屯地。按形制和地理位置的不同，
分为戍堡、边堡和关城三种。戍堡，大多位于界墙内侧，并借长城为一
面堡墙，另筑三面墙围而成，也有独立成堡的。平面一般呈方形，边长
30～40 米，是戍卒居住的地方。边堡，也是用于军事屯戍的，位于界
墙之内，选择河谷交汇处的台地上修建，与界墙的距离视地形而远近不
一，平面为正方形或准正方形，边长 120～180 米，墙外加筑马面，一
般在南墙正中开一门，个别的加筑瓮城，堡内中央夯筑一高台建筑，为
军官办公居住处，而高台建筑的周围则为士兵居住处。关城，多设在长
城界壕穿过交通要道之处，往往处在河谷开阔地，在长城上开设一豁口，
改建为关门，也有外筑瓮城的，长城内侧加筑三面围墙，边长 30～40
米不等，关城内不设住宅建筑。

　　金长城的遗址在今内蒙古武川县清晰可见，该县庙沟乡的山上可
见长城高出地面 2 米左右，宽 3 米，而长城壕堑多淤平。长城从武川的

五分子村进入达茂旗东南部，又向东北延伸至四子王旗。这段长城，每400多米建有一马面，10千米左右有一堡，三四个堡之间有一关城，关城附近长城的壕、墙也都较宽。比较而言，金长城是对前代长城建筑形制与功能的合理借鉴与进一步的发展，在防卫体系上较前代长城更显完备和适用。其壕、墙并列的形制，能更好地防御来自草原游牧势力的骑兵，主、副墙并列，与戍堡、烽燧的配置，设计布局更为合理，后为明代长城所借鉴与沿袭。

七、集历代之大成的长城：明长城

金及之前历代王朝修筑的万里长城，并没有阻挡住机动性强的蒙古族的铁骑雄师。成吉思汗率领大军灭金后继续南征西伐，不断拓疆扩土，建立了一个横跨欧亚大陆的蒙古大帝国，其孙忽必烈于公元1271年建立了元朝。元朝疆域广阔，长城内外纵横万里皆为国土，且蒙古族本是马背上的民族，擅长骑射，又经过一段时间的征伐，北方已不存在能对其构成威胁的其他游牧势力了，因此元朝没有兴趣更没有必要再大规模修筑长城。然而元朝是建立在民族等级森严基础上的封建王朝，尖锐的民族矛盾和残酷的阶级压迫激起了民众的强烈反抗，在不断的起义风暴中，公元1368年，存在不到100年的元朝灭亡，明朝建立。元朝遗胄又退至长城以北，开始了蒙古封建主与明王朝长期对峙的局面。

明王朝为了抑制蒙古势力的南侵和发展，防止其东山再起，进而保

持对全中国的统治力，与蒙古残余势力进行了长期的战争。到了明朝中叶，女真族经过一段时间的调养生息，又重新在东北地区强盛起来，并依靠机动的骑兵优势，不断袭扰明朝东北部边境，甚至越过长城劫掠人、财、物，严重地威胁着明朝社稷的安全。为了巩固北方的边防，明王朝历代统治者在270多年的时间里几乎没有停止过修筑长城和经营边防事务。史料统计数据表明，自洪武初至万历末年，较大规模的修筑长城不下20余次。明长城从东起辽宁省鸭绿江畔的丹东虎山，西至甘肃省嘉峪关讨赖河东岸，横贯今辽宁、河北、天津、北京、内蒙古、山西、陕西、宁夏、甘肃、青海等10个省（自治区、直辖市），全长达8 851.8千米。明长城的迭代特征鲜明而突出，是中国古代耗费时间最长、工程体量最大、结构设计最为完备的军事防御系统工程。

明代从建国开始到被清朝取代，对长城的修建过程，大体分为三个阶段进行。

明前期，洪武至正统年间（1368—1449年）长城的修建。该时期长城修建工程是在全面驱逐蒙古元朝残余势力并取得节节胜利的踌躇满志中开始的。这一时段主要是依据"凭险制塞"的修筑原则，先修建征战中体现出重要作用的关口，然后再修建、连接、加固边墙。《宋史》记载，"祖宗设立边关，止以设察非常，盘诘奸细耳。城堡墩台，小有坍塌，摘拨军夫，随时修筑，其有重大工程，不赍费用，则兵部奏行工部派办物科，应用素有定处，其备虑亦已周矣"。明长城的很多重要关口，多数在洪武年间修筑，如居庸关城是"洪武元年（1368年）大将军徐达建城跨两山"，设有"关城—关沟—关防区"三个防御层级。嘉峪关是"洪武五年，冯胜巡河西，始治关为极边巨防"。据《肃州志》载，"设在临边，二百二十丈。东至肃州七十里，北至野麻湾四十里，南至卯来泉四十里。西接边墙，外险"。洪武六年（1373年）"诏山西都卫于雁门关、太和岭并武、朔诸山谷间，凡七十三隘，俱设戍兵"[1]。如今的雁门关城，为洪武七年（1374年）吉安侯陆亨被贬于代州所建，设守御千户所。古北口关城，洪武十一年（1378年）徐达筑于山顶之上，名营城。《卢龙塞略》记载，"洪武十四年正月，大将军徐达发燕山等卫屯兵万五千一百人，修永平、界岭等三十二关，始筑山海卫城，名命山海关"。偏头关，洪武二十二年（1389年）始建土城。紫荆关、倒马关上城等著名关口，也都是在洪武年间先后修建的。北京市的慕田峪关修建于永乐二年（1404年）；河北省赤城县的独石关为宣德五年（1430年）建；河北省的张家口堡为宣德四年（1429年）建；山西省的宁武关为景泰元年（1450年）建；辽宁省的抚顺关建于天顺八年（1464年）……正是这些关城、隘口的修筑，组成了明长城的中枢，强化了边境的防御。后续，明王朝又继续进行连接这些关城间长城的修筑，进而形成了明长城基本的宏大骨架。其间，文献记载较大规模的修筑墙体工程有五次。

其一是明洪武四年（1371年），"发动蔚、忻、山东三处民工和兵士协力修整长城"。其二是明建文帝（1399—1402年）时期，修筑自宣府（今河北省张家口市宣化区）到大同域内的长城，该段长城又称

---

1 ［清］张廷玉等：《明史·兵志》，北京：中华书局1974年版，第2235页。

山西省左云县宁鲁堡 / 董旭明摄

为"极边""大边"。《明史·兵制》中记载："建文元年，文帝起兵，
袭陷大宁，……自宣府迤西迄山西，缘边皆峻垣深濠，烽堠相接。隘口
通车骑者百户守之，通樵牧者甲士十人守之。"[1] 其三是永乐十年（1412
年），修筑了西自今河北省万全区洗马林，东至宣化东北一百余里处长
安岭堡的长城，并且使得山西缘边的墩守开始形成。据《明史·成祖本纪》
记载，为强固防御，永乐十年，"敕边将自长安岭迤西迄洗马林，筑石
垣，深壕堑"[2]。其他文献中说："永乐时，筑边墙于辽河内，自广宁，
东抵开原，七百余里。"[3] 其四是明英宗正统元年（1436 年），从河北

1 ［清］张廷玉等：《明史》卷九十一，长沙：岳麓书社 1996 年版，1332 页。
2 ［清］张廷玉等：《明史》卷六，北京：中华书局 1974 年版，第 90 页。
3 ［清］顾祖禹：《读史方舆纪要》卷三十七，北京：中华书局 2005 年版，第 1569 页。

龙关经独石口至今天津蓟州区北，长约 275 千米的险要地段，修筑了烟墩 22 座，以加强瞭望和戍守。同一年，在今宁夏回族自治区盐池县向陕西省东北 1 000 千米的线路上增筑烽堠，以加强和巩固边备。其五是明正统七年（1442 年）十一月，明朝廷下令："翱乃躬行边，起山海关抵开原，缮城垣，浚沟堑。五里为堡，十里为屯，使烽燧相接。"[1] 修筑辽东段长城，起自吾名口直至镇北关，全长约 750 千米，同时营建了前卫屯兵城和各种堡城、边台。

明中期，景泰至万历年间（1450—1620 年）长城的修建。这一时段修筑规模比较大。明正统十四年（1449 年）八月，英宗朱祁镇率兵去攻几乎统一蒙古各部并大举攻明的瓦剌部，在居庸关外独石口南的土木堡（今河北怀来县东），遭瓦剌军围攻，明军溃败，死伤者达 10 余万，英宗被俘虏，这就是历史上被称为"土木之变"的战役。"土木之变"以后，瓦剌、鞑靼蒙古部落不断兴兵犯边掳掠，迫使明朝把修筑北方长城，增建墩堡作为保障安全的当务之急。特别是明嘉靖二十九年（1550 年）蒙古土默特部首领俺达汗因贡市不遂而发动战争，直接威胁京师安全，明朝廷对蒙古采取了"以守为经"的战略方针，于是更加重视长城及相关设施的修筑与完善。在这 170 年间，长城修建的规模和质量空前，最终沿长城线完善确定了"九边十三镇"的防御体系。文献记载，规模空前的筑墙工程以成化七年（1471 年）巡抚余子俊修筑延绥镇边墙为肇始。其后，余子俊又奏请修筑自黄沙嘴到花马池的宁夏河东墙，巡抚

---

1 ［清］张廷玉等：《明史·王翱列传》卷一百七十七，北京：中华书局 1974 年版，第 4700 页。

河北省怀来县庙港段明长城 / 董旭明摄

李铭督修蓟（州）镇关口长城，巡抚李承勋及韩斌、周俊又先后修筑辽东边墙，巡抚、都御史贾俊奏请修筑宁夏城西边墙，总制秦纮修筑"固原内边"（又称固原旧边）长城，三边总制杨一清请筑固原、陕西、宁夏边墙，总制尚书王琼修宁夏深沟高垒，宣大总督翟鹏督修宣大段边墙，兵部右侍郎翁万达增筑宣大段边墙，巡抚苏祐修筑内三关边墙及辽东边墙，巡抚杨博主持大规模增筑甘肃镇边墙，总督谭纶、总理戚继光及总督王一鹗、巡抚蹇达先后扩建蓟（州）镇边墙，辽东总兵李成梁重修辽东边墙，三边总督李汶筑甘肃镇边墙，等等。经过连年不断的修筑，在数千千米的长城沿线上，敌台林立，墩堡相连，层层布防，不仅有对前代长城的增高、加宽，而且还有大量的加筑垛口、女墙、墩台及砖包、石砌工程，遇有紧要、险要处则跨墙加筑、多重构筑，使关口、险隘固若金汤、万无一失。此外，这一时期修建的长城还发明、创建了砖石空心敌台，极大地方便了驻守和防御。这种点面结合、纵深防御，绵延如链、长度惊人的万里边墙，高度可达八九米，最高处可达 10 多米，顶部宽度可达 6 米，最宽处达到 10 多米，方便兵马运行。

明后期，天启至崇祯年间（1621—1644 年）长城的修建。该时期长城的修筑已进入尾声。明万历年间，东北的女真势力快速崛起。明朝任命的都督金事、建州左卫首领努尔哈赤在率军征伐女真各部落的军事活动中，采用了"恩施并用，顺者以德服，逆者以兵临"的不同策略，于万历四十四年（1616 年），最终完成了对包括建州女真、海西女真和被称为"野人"的东海女真在内的各部落的统一、整合。这一方面推动了女真地区社会经济的发展，另一方面也进一步扩大了努尔哈赤自己的势力范围，巩固了统治地位。在统一建州女真各部后，努尔哈赤声威大震，乘势即汗位，以赫图阿拉（今辽宁省新宾县西）为中心，建立了地方割据的大金政权，史称为"后金"，并改元天命。随后，万历四十六年（1618 年）四月，努尔哈赤以"七大恨"誓师反明，向明廷宣战。次年（1619 年）明廷派辽东经略杨镐率军剿伐。明军 11 万大军分四路向赫图阿拉挺进。努尔哈赤则采用集中优势兵力、各个击破之法，在萨尔浒打败了明军。由此，努尔哈赤的后金势力从战略防御转入了战略进攻。辽东边防形势的急剧变化，使得明长城防御也相应做出调整。先是迅即从蓟（州）镇剥离出东协山海、石门、台头、燕河四路，独立成为山海镇，以增强长城防线东部、东北部的军事防御力量。到天启元年（1621 年），兵部尚书孙承宗出任新增设的蓟辽经略一职，增设军事机构和设施，次年又增设了广宁巡抚。同时期在长城修筑方面，在山海关城东墙之上新修"新楼"。文献记载，在崇祯年间，山海关先后增修了南翼城、北翼城、宁海城、威远城等设施，在防御规模和体系方面更加牢固、完备。志在进一步扩疆和发展势力，与明王朝在辽西一带展开的争夺战中，努尔哈赤的后金军队逐渐占了上风，接连攻陷了开原、铁岭诸城，并在占领沈阳后又迁都于盛京（今沈阳），占有了战略上的主动。

《明史·地理志》上记载，明后期辽东镇管辖的长城范围"东至鸭绿江，西至山海关，南至旅顺口，北至开原"，长度约 975 千米。万历四十七年，熊廷弼以兵部右侍郎兼右金都御史，最后一次大规模修缮长城后，辽东镇长城的修建，基本上都是小修小补。因为军事形势的发展变化，使得长城的防御对象发生了根本性的变化，长城的修缮大多以军堡（城堡）的增加和强化为主。由于战事频繁，一些长城沿线的堡、寨进行了兵力的合并、集中。1626 年努尔哈赤在围攻宁远城（今辽宁省兴城市）时被明军大炮击伤后不治死去。皇太极（清太宗）承继王位，改天聪元年。该时期长城沿线各边镇的长城修筑呈现局部修缮、巩固、加强和完善的态势。崇祯二年（1629 年）十月，后金军队第一次攻入蓟（州）镇和山海镇长城以内。在这次被称为"己巳之变"的事件中，后金军队取道蒙古草原，兵分三路，左路攻破龙井关，其他军队也突破长城、夺关掠地，实现了对明朝京师的围困和威胁。由此可见，明晚期各个边镇的长城防御形势都十分严峻。靠近京城的宣府镇，在该时段的长城修筑活动中，也只是对个别地段做局部的修补。据卢象昇上呈皇帝的《确议修筑宣边疏》和《南山修筑墩台疏》记述，宣府镇当时所管辖的一千三百里长城沿线，需要加固、修缮的"旧墙""土垣""墩台""壕堑"等工程量浩大，而朝廷能够下拨的经费有限，所以后来依靠兵部的有限拨款，卢象昇也只能减量进行局部的修筑。

1635年皇太极派多尔衮西征河套地区，在灭掉察哈尔部林丹汗后，长城线以北的漠南蒙古各部全部依顺、归附。到崇德元年（1636年）各部首领在盛京集会，拥护皇太极为"共主"，即帝位，改国号为"清"，同时更改年号为崇德，并乘势征服了朝鲜，统治了东起日本海、库页岛、鄂霍次克海，北达外兴安岭，西北抵贝加尔湖，南近长城的广大地区，军事实力不可小觑。由于拥有骑兵部队快速、机动的优势，在明晚期的一段时间里，清军多次越过长城防线，奔袭、劫掠明朝边境区域的各州县。虽日渐衰落，但依靠以前修筑的坚固的长城防御设施，明朝军队进行了顽强而有效的防卫战并在战争间歇中不断修补被毁坏的长城。经过多年的较量、缠斗，最终因为退守山海关的宁远总兵吴三桂降清，清兵才得以突入长城，长驱中原，夺地占城，定鼎天下，从而建立起中国历史上的最后一个封建王朝——清朝。清朝虽然不如明朝重视长城的修筑和防御，但是对重要关隘的防务功能尤其是经济调节作用并未忽视，除了派遣、指挥长城沿线的兵力，也开展日常性的长城修缮。

明朝把长城沿线分为九个防守区段，称之为"九边"，长城也因之称为"边墙"。"九边"是在明初边地布设都司、行都司的基础上，根据当时边防形势实行分地、分段守御的原则而形成的，并以设置镇守（都督、总兵官）为标志，而各"边"设置镇守的时间并不一致，大约到弘治年间"九边"镇守才设置完毕，习惯上称之为"九边"重镇，分

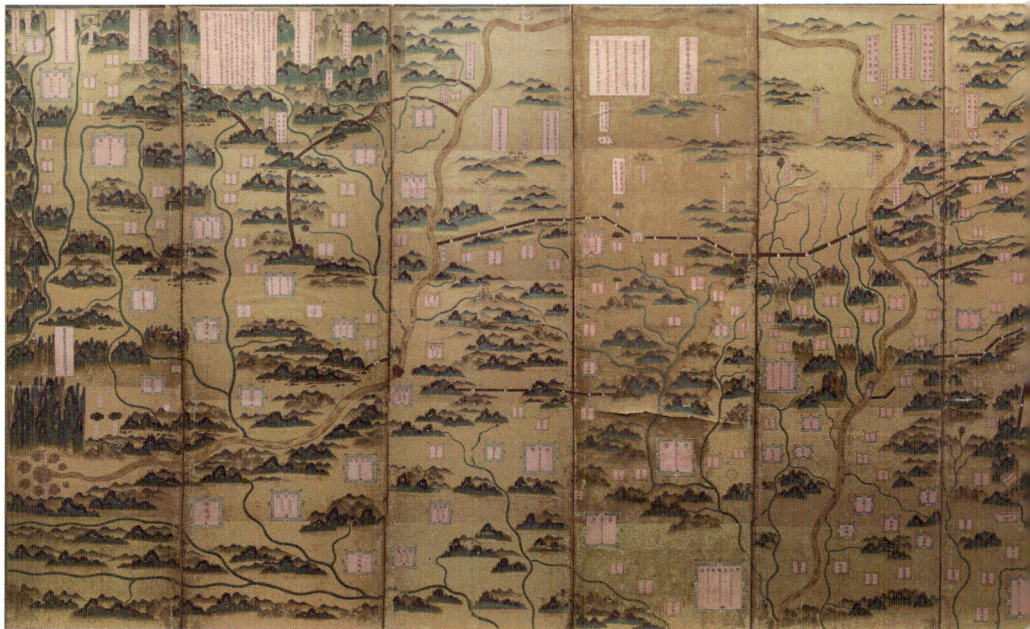

国家博物馆藏明《九边图》屏 / 资料图片

别是：辽东、蓟州、宣府、大同、山西、榆林、宁夏、固原、甘肃。九边九镇之外，为了加强京城的防务，保护帝陵（今明十三陵），明廷又在嘉靖年间于北京的西北增设了昌平镇和真保镇，又于万历年间从蓟镇析分出并设置了山海镇，于固原镇析分出并设置了临洮镇，于是，形成了明长城"九边十三镇"的防御大格局。在史料和地方志书的记载中，长城沿线九边重镇建立的时间并不一致。据《明史·兵志》记载："元人北归，屡谋兴复。永乐迁都北平，三面近塞。正统以后，敌患日多。故终明之世，边防甚重。东起鸭绿，西抵嘉峪，绵亘万里，分地守御，初设辽东、宣府、大同、延绥四镇，继设宁夏、甘肃、蓟州三镇，而太

原总兵治偏头，三边制府驻固原，亦称二镇，是为九边。"实际上，据文物调查考证，上述"九边"除甘肃镇设于洪武年间外，其余的辽东镇、蓟镇、宣府镇、大同镇、宁夏镇俱形成于永乐年间，延绥镇（也称榆林镇）形成于正统年间，原三关镇（也称山西镇或太原镇）建于宣德年间，固原镇建于弘治年，昌平镇与真保镇确立于嘉靖年，山海镇及临洮镇析置于万历年间。

综合各类文献，"九边十三镇"除去从蓟镇析出的山海镇与从固原镇析出的临洮镇外，其余各镇管辖长城范围及总兵驻地情况大致如下。

辽宁省丹东市虎山段明长城 / 方志强摄

（一）辽东镇

《九边图说》载："辽东全镇，延袤千有余里，北拒诸胡，南扼朝鲜，东控福余真番之境实为神京左臂。"总兵初驻广宁（今辽宁省北镇），隆庆年后冬季驻东宁卫（今辽宁省辽阳）。辽东镇管辖的长城东起丹东市宽甸县虎山南麓的鸭绿江畔，西至山海关北锥子山，全长970余千米，大致分为辽河西长城、辽河套长城和辽河东长城三个部分。

（二）蓟（州）镇

《明史》记载，"蓟之称镇，自（嘉靖）二十七年始"。但蓟州域内长城防务的建立，则始于洪武初年。总兵初驻今秦皇岛市桃林口，后移至今唐山市迁安寺子峪（又称狮子峪），天顺年间再次移至三屯营（今河北省唐山市迁西域内）。蓟（州）镇管辖的长城区段前后有变化，最初东起山海关，西至镇边城（原名灰岭口），自析出昌平镇后，西改至慕田峪（今北京市怀柔域内）。所管辖的长城东起山海关，西至慕田峪，全长 880 余千米。

河北省秦皇岛市三道关段明长城 / 方志强摄

（三）昌（平）镇

昌平镇在史籍里又称昌镇。总兵驻昌平（今北京市昌平）。管辖的长城是从原蓟（州）镇防区划出的渤海所、黄花镇、居庸关、白羊口、长峪城、横岭口、镇边城等诸城堡长城线，分为居庸路、黄花路、横岭路三路镇守，其东北起于慕田峪关东界，西至紫荆关，全长约 230 千米。

（四）真保镇

真保镇也称保定镇，是明代设在保定地区的军镇，总兵驻保定。本镇边墙北接蓟镇（后分设为昌平镇）边墙，沿太行山晋冀分界南下，重点加强京师太行山的防御性能。该镇管辖的长城范围北接紫荆关，历经倒马关、龙泉关、娘子关、南至故关，全长约 390 千米。

（五）宣府镇

《读史方舆纪要》记载，宣府镇总兵驻在宣府卫（今河北省张家口市宣化区），故称宣府镇。该镇"南屏京师，后控沙漠，左扼居庸之险，右拥云中之固"，管辖的长城东起慕田峪渤海所和四海治所分界处，西至张家口与大同交界地西阳河（今河北省怀安县域内），全长 510 余千米。

山西省忻州市明长城老牛湾堡 / 方志强摄

（六）大同镇

《读史方舆纪要》记载，大同镇总兵驻大同府（今山西省大同市）。该镇"东连上谷，南达并、恒，西界黄河，北控沙漠，居边隅之要害，为京师之藩屏"[1]。该镇依《三云筹俎考》说法，分为新坪路、东路、北东路、北西路、中路、威远路、西路、井坪路八路镇守，管辖的长城东起镇口台（今山西省天镇东北），西至鸦角山（今内蒙古自治区清水河县口子村东山），全长330余千米。

---

1 ［清］顾祖禹：《读史方舆纪要》卷十八，北京：中华书局1955年版，第1833—1834页。

（七）太原镇

太原镇也称山西镇、三关镇，属于内长城外三关部分。总兵初驻偏头关（今山西省偏关），后移驻宁武所（今山西省宁武）。该镇与蓟（州）镇、宣府镇、大同镇同为拱卫京师的畿辅重镇，军事地理位置十分重要，"偏头、宁武、雁门，自西迤东三关并列，西尽黄河东岸，东抵大同。虽太原北境要害之地，与真定相为唇齿，非唯山西重镇，而畿辅之地安危系焉"[1]。其管辖的长城西起河曲（今山西省河曲旧县城）的黄河岸边，经偏关、老营堡、宁武关、雁门关、平型关，东至太行山岭与真保镇长城相接，全长800余千米。

（八）延绥镇

延绥镇总兵初驻绥德州（今陕西省绥德），成化年以后移驻榆林卫（今陕西省榆林），故也称为榆林镇。该镇原镇址北距长城150千米，"虏轻骑入掠，举镇兵以击之，每不及而返，虏将投隙焉。成化九年，都御史余子俊建议徙镇榆林堡，襟吭既举，内地遂安"[2]。其管辖长城东起黄甫川堡（今陕西省府谷县黄甫乡），西至花马池（今宁夏回族自治区盐池），全长800余千米。该段长城在俗称"大边"的南侧另有"二边"，其东起黄河西岸（今陕西省府谷县墙头乡），曲折迂回，向

---

1 ［明］程道生：《九边图考·三关考》庄氏玉清馆石印本，第37页。

2 ［明］程道生：《九边图考·榆林考》庄氏玉清馆石印本，第40页。

西至宁边营（今陕西省定边）渐与"大边"边墙相接。延绥镇长城遗迹多被积沙所掩埋，局部地段因基本建设损毁较重，实存不多，尚有部分夯土墩台、残墙存在。

（九）宁夏镇

宁夏镇总兵驻宁夏卫（今宁夏回族自治区银川）。宁夏镇与榆林镇、甘肃镇被称为"三边"，"三边既为中国所有，而宁夏居中，适当喉襟之地"[1]。该镇长城分为东长城、北长城和西长城三个部分，管辖范围东起花马池，向西至宁夏回族自治区中卫喜鹊沟黄河北岸（今宁夏中卫市西南），全长约 1 000 千米。宁夏镇长城遗迹大多经过风雨剥蚀后掩埋于流沙之中了，仅贺兰山段石砌城墙尚有部分断续残存，并保存着一段因断层地震活动而造成的错位地质现象。

（十）固原镇

固原镇也称陕西镇，与山西镇一样为内长城。总兵驻固原州（今宁夏回族自治区固原）。据程道生《九边图考》载："固原，开城县地也，成化以前套虏未炽，平、固、安、会之间得以休息，所备者靖虏一面。自弘治十四年火筛入掠之后，遂为虏冲，于是始改立州卫，以固、靖、甘、兰四卫隶之，设总制参游等官，屹然一正镇矣。"该镇管辖的长城，

---

1 ［明］程道生：《九边图考·榆林考》庄氏玉清馆石印本，第 46 页。

宁夏回族自治区永宁段明长城 / 董旭明摄

修筑年代先后并不一致。综合史料可知，东起延绥镇饶阳水堡西界，向西延达兰州、临洮，全长约 500 千米。明后期改线重建后，西北抵红水堡西境与甘肃镇松山新边分界。整体上，固原镇长城遗迹除景泰县境的"松山新边"保存较完整外，其余地段城墙历经风雨剥蚀塌毁严重，有地段仅残存夯土、地基。

（十一）甘肃镇

甘肃镇总兵驻甘州卫（今甘肃省张掖）。该镇军事地理位置重要，"夹以一线之路，孤悬两千里，西控西域，南隔羌戎，北遮胡虏，经制长策自古已难。"[1] 其管辖的长城东南起自今兰州黄河北岸，西北至嘉峪关西讨赖河岸，全长约 800 千米。甘肃镇长城遗迹，虽经风沙剥蚀和堆埋，仍有保存较好的大段连贯的墙体，在山丹区域内还保存着一段两条间距 10 余米的平行墙体，当地人称之为"内边"或"二道边""大边"。

明代万里长城的迭代特征体现在大多地段是沿袭北魏、北齐旧长城进行修建的，个别地段是新筑或改线重建的，但明代修筑的长城，并不是整体固定不变，而是随着防御形势的不同而变化。有些地段在不同时期改线修建痕迹明显，有进有退，甚至有的变化间距达数十里，这是有些地方至今仍有数条明长城同时存在的原因。一般重点防区充分利用地

1　［明］程道生：《九边图考·甘肃》，武进：庄氏玉清馆石印本，第 51 页。

形，因地制宜，构成纵深、多道的筑城体系，这也是明代万里长城在发展和创新中不断完善，进而最大程度追求完备的特殊体现。

明代万里长城是中国历史上最为宏大、最为完善的军事防御工程，在其不断地调整建制中，形成了一个从中央政权通过各级军事、行政机构上传下达，下行联系最基层军事单位乃至守城戍卒的完整防御体系。该体系在不同的历史时期往往根据防御形势的变化而有动态调整。如明初长城关口隶属卫、所管辖，至隆庆、万历年间，九边重镇之一的蓟（州）镇曾下设"道"，又在"道"下按不同情况分为若干"路"，每"路"统领许多"关"，"关"下包括堡城以及墩台等。以山海关为例，其隶属蓟（州）镇永平道下的山海路（永平道东协四路：山海路、石门路、台头路、燕河路），山海路又领辖6个关城，包括山海关、南海口关、角山关、三道关堡、寺儿谷堡、东罗城。山海路往西是石门路，石门路领管3个提调（提调是镇守地方的武官称谓）：黄土岭提调、大毛山提调和义院口提调。其中黄土岭提调具体管辖7个关、营、城、堡：黄土岭营、黄土岭关、一片石关、大青山口关、庙山口堡、西阳口堡、炕儿峪堡。蓟州道中协三路：太平路、喜峰路和松棚路。松棚路领管2个提调：潘家口提调和洪山口提调。洪山口提调管4个关、营、城、堡：洪山口关、白枣峪寨、西安峪寨、松棚营。蓟（州）镇另外管辖的五路是：马兰路、墙子路、曹家路、古北路、石塘路。在居庸关、紫荆关、倒马关及故关一线，嘉靖年间则以这四大关口为中枢，下分重点隘口为各路，各路下辖各段关口。作为明长城防御工事的关口、堡城，又直接管辖一些城楼、敌台和烽火台（墩台）。巡防的戍卒用呼喊、

鼓声等方式传递或以烽火为号，经由各级军事组织，把敌情传递至关城守备，各路军校首领（游击或分守参将）处，直至送达镇守总兵或巡抚手里，再由镇守传报到朝廷。信息传递之外，明长城层级化的管理体制，与长城防御工事的名称和规模不无关系。由高到低可分成镇城（镇守或总兵官驻地）、路城、卫所城、关城、堡城、营城、城墙、墙台、敌台、烟墩（烽火台）等不同等级、不同形式和不同功能的建筑实体，它们相互联系、相互配合、相互制约，共同构成一个完整的防御工程体系。其中大小不一的关城、堡城尤为要害，一般采取以关城为重点，以左连右接的长城城墙相连接，构成点线结合，以点护线，以线控面的筑城防御体系，这是明代万里长城发展到完善程度的一个表征。

明长城的关口、堡城很多，名称不一。以蓟（州）镇为例，明成化二十三年（1487年）的总兵官都督李公边政记碑记载："蓟之镇起古檀以极榆关，内护京师，外控夷虏，大口三十八，小口七十四，列营三十二，戎卫十六。"而洪武十五年（1382年）九月，北平都司开报"京东京西险隘二百余"，并一一列名。《明史·洪钟传》中记载，洪钟"自山海关西北到密云古北口，黄花镇直抵居庸，延亘千余里，缮复城堡二百七十所"[1]。嘉靖十四年的《山海关志》卷首图列山海关至居庸关撞道口共大小关口营城250余处。嘉靖年的《西关志》中罗列居庸关管辖隘口108处，紫荆关管辖隘口95处，倒马关管辖隘口60处，故

1　［清］张廷玉等：《明史》卷一百八十七，长沙：岳麓书社1996年版，第2707页。

关有隘口 101（包括娘子关、龙泉关）处。据《大明会典》记载，宁夏平原有 156 个驻军的堡寨。整个明代，随着长城线的不断变动和建制的变化，长城关口和城堡的数目也在调整中不断变化。大略统计，明代长城的大小关口与堡城总计不下 2 000 余处，而修筑长城的总长度也超出了 8 000 千米，许多废弃和改线的长城并未得到精确统计、公布。实际上，明朝自嘉靖年间特别是隆庆、万历年间，在城墙上大量构筑具有较完善的战斗、生活设施的虚台（空心敌台），进一步加强了长城的防御能力，这是明代万里长城发展到完善程度的又一个表征。

中国的万里长城，历经 2 000 多年延续性的不断修筑，在完善中改进，在改进中完善，向世界昭示着为战止战、热爱和平的生存理念。无数人贡献出聪明才智，历朝历代也倾注大量的人力、物力、财力进行修筑，最终成就了长城这一伟大的人类奇迹。事实上，就是在长城内外并无频繁的战事，堪称大一统的唐代、元代和清代，对个别地段的长城（特别是重要关口和地段）也没有停止过修葺，当然其主要作用和目的已有别于主要用于国防战事、边境治安、交通经济的时期。据史料记载，清康熙七年（1668 年）朝廷就曾下诏拨币修筑过长城，其中山海关一段整修了 3 千米。清乾隆三十一年（1766 年）、四十年（1775 年）及咸丰四年（1854 年）都动工修建过嘉峪关及其周边的长城。直至清同治五年（1866 年）还在整修长城，其中从山海关老龙头至花厂峪一段就补修了近 2.5 千米的长城，并在各关口修筑栅门，在通水处修涵洞以利泄水，墙上用葛针扎顶，墙外开挖长壕及品字型梅花坑。

屹立于世界东方 2 000 多年的中国长城，其各个历史时期遗址遗存

总长度为 21 196.18 千米，其蕴含的人类文明的价值，将随着时光的流逝越发清晰地呈现出来。

第二章

长城关隘：精到完备的战略防御布局

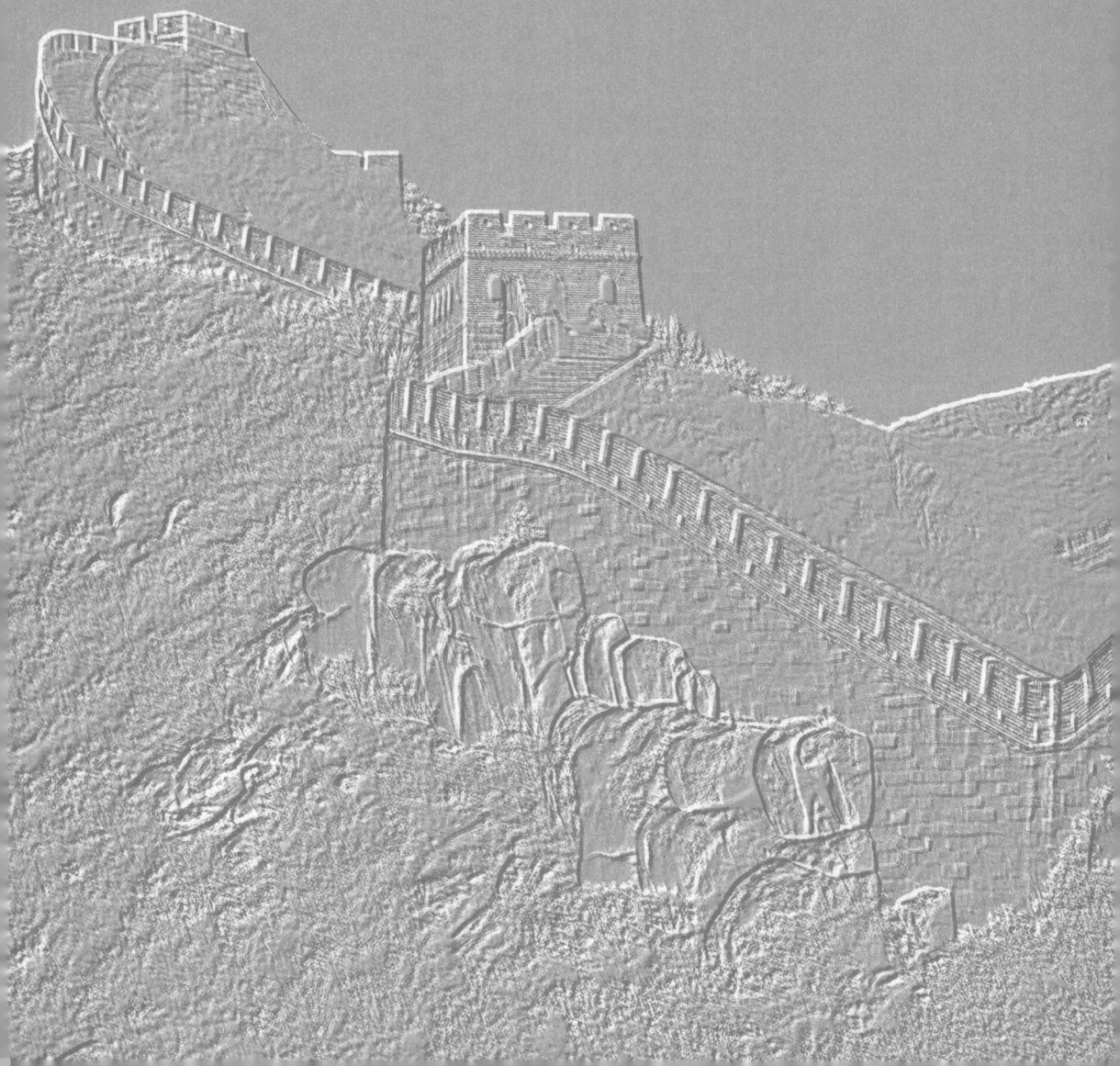

甘肃省临泽县刀锋山烽火台 / 董旭明摄

随着冷兵器时代的结束，中国的万里长城已经逐渐失去了它原有的军事防御功能和作用。1987年，联合国教科文组织把中国的万里长城列入了世界遗产名录，世界遗产委员会对它的评价是："它在文化艺术上的价值，足以与其在历史和战略上的重要性相媲美。"可见，在世界文明史、文化史上，我国古代劳动人民所创造的这项伟大工程，不仅具有丰厚的历史价值、军事价值，而且具有阐释不尽的艺术价值和精神价值。长城是全人类共同的物质财富、精神财富，是永远值得我们珍视的一份历史文化遗产。我们要了解长城，需要从基本的建筑结构说起。

首先，长城的选址和修建，充分考虑政治、民族等社会历史条件和天文、地理等自然环境因素。修建长城的目的是承认与正视农耕、游牧不同文明的存在，区隔并调节彼此之间的矛盾，这决定了其一定选择在部族或诸侯国势力可控制的边缘地带，而且修建要重视综合考量天文、地势、气候等环境条件，追求"天设山河"，讲究"用险制塞"的原则。长城既是人工构筑物，也是由多个建筑单元共同构成的军事防御工程。长城不仅包括长长的夯土、砖石等垒砌的墙体，也包括利用崖壁、河流、山谷、树木等形成的自然屏障，更包括沿长城墙体大量修筑的城、障、亭、燧、堠等相关军事配套和防御设施。换言之，长城虽然在空间布局上总体呈现出连续、线形为特征的军事防御工程特点，但是在具体细节

表现方面，作为人工建筑物依然有着太多的个性经验及特征可以寻味和总结。诸如以线形边墙为御敌主体，以决定进退甚至成败的关城为军防核心，以纵深布置的多级城堡为建筑单元或组构要素，以层级化的城堡为作战指挥平台进而开展各项具体军事行动等，无论是方法、步骤，还是模式，都处处彰显着一体化工程的系统论特征。

其次，长城的修筑基于防御对象的不同特点而选择有针对性的不同策略，其"以战止战"的和平理念贯穿在建筑结构、防控布局的整体安排上。关城、隘口的选择与修建往往是边墙防御的重点和核心，在长期的挖壕、砌墙等多项工程实践中，自然居于防控、布局的关键点上。除了考虑选址的安全性、重要性、便捷性等因素，关城建筑的城墙、城楼、角楼、瓮城、马面等都要服从防守目的及作战实际要求，即使要适度加强建筑密度，也必须依据拱卫中心、互为掎角、协调一致的原则，以达到内外结合、彼此呼应、纵深防御的目标。

一、长城关隘功能和修筑

关隘，由"关"和"隘"组成，"关"的本义是门闩，"隘"的本义是狭窄、狭小，险要之地。所谓关隘，是指关津要隘，专指在长城墙体上，考虑战、守等因素而专门留下可供马车、行人以及货物出入的豁口。这种在边墙上开设的豁口，等级稍低一些的叫关（隘）口，等级高些的叫关城，可以统称为关隘。在我国关隘的设置早在夏、商、周三代就出现了，当时主要是朝廷在边境上所设的收税关卡。后来发展到春秋战国时代，随着关隘与长城的有机结合，关隘上所构筑的关城，就成了长城防线上体现管控能力并起支撑骨干作用的守御要点。

关隘通常是长城防御重点区段的重要点位，往往地处交通要冲，通常选择并构筑在具有重要战略意义、战术价值和敌我必争的山岭峡谷、咽喉要地，也有的构筑在能控制江河海湾的要地，或者能以较少兵力遏制较多敌人的进攻之地。因为在古代的兼并战争中，关隘的得失，不仅关系到战争的胜负、结局，而且关系到政权的稳固与否，甚至关系到国家的安危与存亡。关隘不只是简单地开设城门，一般还要修建一座具备各种军事功能且相互配套的"城"，这个"城"也称作"关"或"关城"。关隘的关城，大都由方形或多边形的封闭城墙及城门、城楼、墩台等相互组合而成，有的还设有瓮城、护城河等辅助设施。有些关城一般能驻扎较多的兵力，储备足够量的兵器、粮草等军用物资，用以直接供应和支持关城管辖范围内长城防线上的作战活动。所以，关城通常是国土边界与交通要道的军事设施，体现执政者在长城线上分设的行政权力机构，兼具统筹国家军防系统，维护社会政治、经济秩序的功能，在保持和调节社会安定，增加国家财政税收，以及执行对外经济、文化交往的策略等方面作用显著。关城是要派驻重兵把守的，也有严格的进入或外出的管理制度，其打开或关闭，都要保障行人、车马、货物等出入边境的安全与便捷。正因为关城的设置关系到长城防线某一区段甚至全局的安危，所以，以关城为中心，关隘在建筑体系中还包括罗城、稍城、瓮城以及附近的小城堡、护城河、屯兵营（寨）、烽火台等设施。关隘依据位置、

功能和作用等的不同，一般分为旱关关隘、水关关隘，这种区分主要是由关隘所处的地理环境决定的。

历史上关隘中关城的建筑时间有先有后、规模不一，但空间分区明确、等级秩序分明，体现着关隘体系完整、结构清晰、管理严密、权责明确，呈点、线、面网状分布和纵深防御的一体化特点。明代长城在修建过程中，一直重视关隘、城堡的设置规模、设置数量与安全程度，通常依据军事管理与指挥系统的上下隶属关系和层级关系分等级设置。其具体分为：镇城（总兵官所驻地）、卫城（军事编制中卫一级的指挥驻地）、路城（各镇下辖的路一级的官员驻地）以及关城、堡城等不同等级、不同功能、不同形式的建筑群或建筑个体，其中关城和堡城是最具代表性和防御意义的建筑物。文献显示，明代关城的修建，既有承袭以前不同朝代长城关城建筑形式和规模的，也有改建、扩建、新建的。关城是长城沿线尤其是咽喉要道上体现攻守战略意图的重要驻防据点，其位置的选择与安排，既要考虑出入长城的便捷，也要考虑全局和形势，关乎边境和社会的长治久安。一方面，要防御并阻止北方游牧部落在边境地区的武装袭扰、劫掠；另一方面，也要充分考虑关隘两边不同民族的民众间的互市交往等需求，为经济、文化的交流乃至民族的交融提供多方认可的便利通道。明代万里长城上曾有过很多著名的关隘，以下简单介绍几处重要的长城关隘及长城段落。

二、明长城的重要关隘

（一）山海关

山海关，古称榆关（也作渝关），又名临闾关，地处河北省秦皇岛市的东北隅，距离市区 15 千米，北依燕山余脉，东南临渤海湾，山海之间相距 7.5 千米，是华北平原与东北平原相连的辽西走廊西端的咽喉，地势险要。历史上的山海关是明代万里长城东部的一个重要关口，历来为兵家所争之战略要地。过去，曾有人用"两京锁钥无双地，万里长城第一关"的诗句来描写关城的险要。

山海关有悠久的历史，早在新石器时期，人类的祖先便在此耕织劳作、繁衍生息。据历史文献记载，这里商代属孤竹国；周属燕国；秦时属辽西郡、右北平郡（所辖 14 县中有临渝县）；汉代属幽州辽西郡、右北平郡；晋属营州郡；北魏属乐浪郡；北齐为新昌、肥如县地，属平州的辽西郡、北平郡；隋属北平郡、辽西郡；唐代属营州柳城县地，临渝县，武后万岁通天二年（697 年）更名石城县，有临渝关，一名临闾关；辽代为迁民县；金、元两代这里均属迁民镇。《资治通鉴》上记载：幽州北 700 里有渝关，下有渝水通海。据《明史》记载，明洪武十四年（1381 年）魏国公徐达在此修建关城、设立卫所，因依山襟海得名为山海关。《大清一统志》上记载了山海关的由来及名称变化："今县东二十里有渝关。明初，魏国公徐达始徙而东，去旧关六十里，谓之山海关。或曰：辽金时，以渝关为腹里地，故址渐堙。今县东二十里之渝关，乃其驿递之所，因渝关旧名耳。明初，修复故关，增置屯营。其于金元时之渝关，仍置邮驿。今关盖汉唐旧址，非明朝创建也。郭造卿曰：山海关，即故元迁民镇。"清乾隆二年（1737年）山海卫被裁撤，在这里设置了临渝（榆）县，地属永平府，山海关便成了临渝的县治所在地。清道光二十二年（1842年）在此设游击将军，之后，山海路又变为山海卫。

由于山海关的形势险要，自古为兵家必争之地，历史上许多战事与山海关都有关联。如东汉曹操率军东征乌桓，隋唐大军远征高丽等。到了明末，李自成率领的农民起义军与山海关总兵吴三桂部的明军以及多尔衮的清骑兵，曾陈兵并激战于山海关的石河西岸，结果，山海关的大门洞开，大批清军进关驰入中原，夺城占地，最终清王朝替代了明朝，开启了长达276年的统治。清朝末年，帝国主义侵略军开始侵入山海关

河北省秦皇岛市天下第一关山海关城楼 / 董旭明摄

一带。光绪二十六年（1900 年）八国联军强入山海关，毁坏城池，建立六国营盘，留下了国耻屈辱的见证。1922 年起始的两次"直奉大战"，演绎着军阀张作霖与吴佩孚的争霸剧情。1933 年 1 月，日本帝国主义侵占东北后，占领了山海关，把它当作东北伪政权"满洲国"的门户，山海关变成了日军全面入侵华北的阵地，中国军队在此奋勇反击，打响了长城抗战第一枪。1945 年日本帝国主义投降后，山海关关联着"辽沈""平津"两大战役，成为中国共产党和国民党军队都全力争夺的地方。"辽沈战役"开始，受到美帝国主义支持的国民党军，从秦皇岛登陆向东北解放区进犯，在石河岸边与解放军展开激战，现在山海关外欢喜岭上的烈士陵园，正是为了纪念这次战役中牺牲的解放军烈士们而修建的。

山海关，东北有边墙纵贯南北，控扼着隘口，占尽地利优势。其东有欢喜岭依靠，为一道天然屏障，西则有石河穿流，为一条自然壕堑，天然地将燕山余脉和渤海之间的狭窄陆地布置成一个巨大的军事防御建筑群。山海关的建筑布局，总体上充分体现了"主体两翼，左辅右弼"的长城军防体系格局，即以边墙为防御主线，而以关城为布控中心，在从南控海边南海口关的靖卤（虏）楼（俗称老龙头）到北上九门口而蜿蜒西行的防线上，密集设有 10 处关隘、7 座卫城、37 座敌台、14 座烽火台和 14 座墩台等防御设施。此外，为了严格体现长城军事布防，按照"镇城—路城—关城（隘口）—堡城—敌台—烽火台"这种自上而下的层级布置，在关城东面周边外围，还选择性地设置了卫、所、堡城等辅助性防御设施，形成了重点明确、彼此呼应、责任共担的一体化格局。

　　山海关关城作为军事防御的中心，平面呈四方形，城墙"周围八里一百三十七步四尺"（约 4 600 米），并有宽五丈、深二丈五尺的护城河围绕、环护。现存城墙高 14 米、厚 10 米，条石基础，夯土堆筑，外包城砖，整个城池与边墙相连，属于以"城"为"关"的范例。据郭造卿纂《卢龙塞略》记载，关城共设"四门楼，东曰'镇东'，西曰'迎恩'，南曰'望洋'，北曰'威远'"。其中，镇东楼建在高大的城台之上，台下有砖砌券门通向关外，券门洞内原设有定时开启的闸门，门外又有方形瓮城圈围，以增强关门的防御能力。在外在形式上，镇东楼共两层，重檐歇山顶，四角戗脊装饰以脊兽，楼内外均绘有明式彩绘画，西面下层是木质红漆正门，上层装有木质隔扇门，屋檐正中悬挂"天下第一关"巨幅匾额，该匾额笔力雄浑、名扬天下。过去曾讹传此匾为严嵩所书，其实是明成化八年（1472 年）进士萧显书写，现在楼下所藏是原匾，楼上所藏的是清光绪八年（1882 年）摹刻的，而楼外所悬挂的则是 1929 年摹刻的。在抗日战争时期，日本侵略军曾企图将原匾盗走，民众闻知后设法将匾藏于西大街的文庙大成殿内，才使原匾保存下来。镇东楼其余三面分隔为两层并开设有 68 个箭窗。登上镇东楼，真有"天下第一关"的感觉，向北眺望，长城从角山盘旋而上，犹如长龙蜿蜒在崇山峻岭之间；向南望，长城直奔渤海之中，酷似神龙探头向海，景色十分壮丽。明朝诗人曾用"幽蓟东来第一关，襟连沧海枕青山"（闵珪《山海关》）；"万顷洪涛观不尽，千寻绝壁画应难"（马文升《山海关》）[1]

1　孙志升主编：《长城诗歌》，秦皇岛：燕山大学出版社 2019 年版，第 113 页。

等诗句描写山海关近旁的景色。

关城南门城楼名"望洋"，设在南城墙中间偏西，是关城的正门。该楼始建于明嘉靖八年（1529 年），后来在明万历三十九年（1611 年）、清乾隆三年（1738 年）、乾隆十八年（1753 年）、乾隆二十九年（1764 年）、道光二十二年（1842 年）、光绪二十年（1894 年）进行过重修。1933 年望洋楼被侵华日军炮火毁坏后，伪临渝县政府也进行过维修。现存城楼是 2004 年依原样复建的。望洋楼原为砖木结构的箭楼，重檐双层三楹，面阔 19.88 米，进深 10.28 米，楼高约 13.5 米。西城门楼名"迎恩"，北城门楼名"威远"，是明万历三十七年（1609 年）重修的，后又毁于火灾。在"天下第一关"城楼南北的城墙上，原来还有一些附属建筑，其中在城东南隅的叫奎光楼，明洪武时建，嘉靖、万历时重修过，是用来供设奎星神像的；在城东北隅的叫威远堂，原来是徐达建奎光楼时同时规划修建的，有一南一北、文武相对的吉祥寓意，但徐达不久返回京师，工程停下并未建成，直到嘉靖四十四年（1565 年），孙应元才在旧址上重建起来，现有遗址尚存。基于防御重点考虑，在镇东楼南北两侧与东罗城相交接的城墙上，还修建有用以屯兵设防的三座配楼，即北边的临闾楼、南边的牧营楼和新楼。临闾楼与牧营楼始建于明万历十二年（1584 年），与东罗城同期施工建成。这两座楼建筑的规模、式样相同，楼高同为 8.75 米，属于单檐歇山顶式两层的砖木结构，并在楼的北、东、南三面建有 20 个箭窗以利于防备。山海关关城的四门外均建有大小不一、平面呈方形或半圆形的瓮城。在合理利用山水地理条件方面，关城的东南、西北、西南隅设置了 3 座水门并与城外的护

城河相连、相通，再加上关城东、西两面修建的 2 座罗城，南、北方向修建的 2 座翼城，以及外围修建的稍城等，真可谓星罗棋布，彼此勾连，前呼后应，左辅右弼，从而构筑成没有死角、互为掎角、共同拱卫关城的严密体系。

罗城、翼城和稍城都是为强化关城的防御功能而修建的，其中东罗城建于明万历十二年（1584 年），古代文献记述其"环城为池，周四百有二丈九尺"，开置关门 1 座，并建有敌楼 2 座、角楼 2 座，关门上书有"服远楼"，整体面阔 10 米，进深 5.85 米，楼高 9.45 米，共两层，重檐歇山顶样式。西罗城在关城西侧与东罗城相对应，并与关城西墙相连，明崇祯十六年（1643 年）开工，不到一年明朝就亡了，所以只修了一个西门就停下了，作为关城后防，辅助的性质和功能决定了其城墙均为夯土筑造。南翼城设置在距离关城 1 千米处，周长 1.5 千米，城的南、北两面各置一门，城内设右翼协领署，明代主要以存放粮草、武器、驻守士兵为主。在距离城北 1 千米的地方建有北翼城，建筑形制上与南翼城相仿，内设左翼协领署。关城外东侧坐落的稍城，取名为威远城，而南侧的稍城叫作宁海城。宁海城的东、南两面墙均依靠长城主线，并由双边墙围护，是明末为拒止从海上进兵袭扰，进一步加强海防而建的城堡，共占地 1.6 公顷，平面形状依地理呈不规则梯形，开设南北两门，城内有龙武营驻防。其北门城楼为三开间、歇山顶样式，测得楼高 7.35 米，南城门则为一面阔 11 米、进深 6.4 米的箭楼，歇山顶样式，高 5.88 米。

山海关关城防御体系中的边墙建筑极有特点，集海中边墙、平原边墙和山地边墙不同类别于一体，彼此相互协调，构筑成体现"山""海""关"

河北省秦皇岛市山海关老龙头 / 董旭明摄

个性特征的防御格局，呈现出高大、结实、雄伟的风貌。 海中边墙，即以靖卤台为标志，由入海石城、靖卤台、王受台、南海口关、澄海楼等部分组成的一段长城。其位于关城南 5 千米处，作为山海关长城之首，俗称老龙头。入海石城是老龙头长城深入海中的部分，其北接靖卤台，构成了封锁海面的制高点。靖卤台于明嘉靖四十四年（1565 年）修建，是一座空心敌台，外在形制上是敌台之始，在南海口关尽头，屹立在海水之中。靖卤台高 10.55 米，分上、中、下三部分，下部是大型的条块石基础，高 2.75 米；中部高 4.01 米，内设由 6 个过券洞口连通的 3 个券室，各券室四周开有 6 个券窗，便于隐蔽和瞭望；上部台中西侧建有出口铺房，是用以储备军火弹药物资的库房；台面四周建有垛口，可用

来观察、瞭望敌情。值得一提的是，台上北侧还立着一块高 3.3 米的石碑，上面既无镌刻者的姓名，也无立碑和镌刻的日期，只镌刻四个大字——"天开海岳"。南口海关是坐落在南海口的一座关隘，也是万里长城在滨海设置的唯一关口，作为关门的城楼面阔 12.88 米、进深 7.4 米、高约 7 米。在南海口关北约 20 米处另建有一座木结构的澄海楼，史料记载其是在已毁坏的单层、瓦顶、砖木结构的箭楼基础上改建而成的，其"高三丈，广二丈六尺，深丈有八尺"，样式为两层、重檐、歇山瓦顶。楼上悬挂着明朝大学士孙承宗题，今人侯正荣书的"雄襟万里"匾额。

平原边墙，指的是关城的城墙和其南、北两翼延伸的长城，它是山海关的中部区段，砌筑在山海夹峙的辽西走廊正中。而山地边墙，主要指关城北翼城的北面，从角山长城蜿蜒北上至九门口段的长城。这段边墙大多借用悬崖峭壁随坡就势而砌筑，错落有致，形成了"深沟高垒"的局势，雄伟壮观。三种类别的长城，从老龙头起始，向北，中经山海关关城，再向东北，直到号称"京东首关"的九门口。

"天下第一关"——山海关，作为明长城东部的第一个重要关口，也是长城拱卫明王朝京城的第一道关隘，结构严谨，功能明确，构成"主体两翼，左辅右弼，互为掎角，一线逶迤"的空间格局，堪称是长城军事防御系统设置的典范。

（二）板厂峪

板厂峪，地处河北省秦皇岛市海港区的北部山区柳江盆地，燕山山脉余脉东段的南缘，距市区 29 千米。明崇祯年间，陈、杨、于等姓人家由山东迁到此处建村，因山上树木茂密，当地建有板厂而取名板厂峪。柳江盆地地质遗迹国家级自然保护区内，呈现了新太古代至新生代中国华北地区在漫长的地球演化过程中的地壳运动、岩浆活动，沉积环境变化及生物进化等地质现象的精华。这里地层及岩类分布广泛，地层完整并界限清楚，岩类齐全且化石丰富，被公认为"天然地质博物馆"。地质专家在板厂峪发现了不同年代的古火山群，板厂峪长城就建立在古火山的岩石之上，所以当地也称这里的长城为"火山长城"，加之修建长城使用的石料，基本上是就地取材使用的火山喷出岩，所以板厂峪"火山长城"的特征十分明显。这一带的喷出岩分布很广，厚度也较大，从源头上说，火山喷发活动早期为侏罗纪，晚期为晚侏罗纪。板厂峪灵仙洞发现的斑鬣狗化石群，经专家鉴定可能属于中更新世晚期至晚更新世早期，极具研究价值。此外，当地开掘并开放了长城砖窑群，还原了明代修建长城时的部分历史场景，为进一步挖掘和研究长城本体与文化提供了实物资料。这些使得板厂峪在相当范围内都很有名气，影响越来越大。

板厂峪长城是指以明代板厂峪堡遗迹为核心，如今横亘在板厂峪村落周边险峻山梁上的长城。史料记载，板厂峪堡始建于明洪武年间，位于今板厂峪村南 500 米处西山脚下，西北为板厂峪西沟村，东靠查庄，南邻曹家房，西南为义院口。堡北距长城老边 1.6 千米，西距长城 1.25 千米。据《卢龙塞略》记载，其"城石，高丈五尺，周九十二丈四尺，南门有楼，居三十二家"。至清光绪年间，原城废圮不用，周长为 250

河北省秦皇岛市板厂峪段明长城 / 于文江摄

米。板厂峪长城的墙体基本是以条石为基础，外包砖墙，宽度 5 米，高 4.8 米。在墙顶外侧建有垛口，高 1.8 米，里侧建有女墙，除了随着山势地形的变化而有转折、错落，基本样式规整。长城每隔 250～500 米建有一座高出墙体的敌台，每隔 500～1 000 米距离，就筑有一座可供戍守官兵瞭望、巡逻、休息和囤积物资的空心敌楼，在长度大约 15 千米的范围内建有 50 余座敌楼，现在保存较完整的还有 30 余座。敌楼也称谯楼，其建筑的高度、规模往往与其所开设的箭（券）窗的数目成正比，大多是借用箭（券）窗数字俗称 3 眼楼或 4 眼楼的样式。如编号黄土岭第 132 号敌台，位于村西沟北侧山梁玥长城墙体上，东北距黄土岭 131 号敌台仅 146 米。该敌台整体平面近正方形，空心，基部为 1 层至 3 层条石垒砌，台体墙面全部是砖砌，东、西两壁中部各设有 1 座石砌的券门，经测量数据如下：门外口宽 0.66 米、高 1.78 米、进深 0.32 米，门内券宽 1.08 米、高 2.3 米、进深 0.98 米，券门两侧各置 1 个箭（券）窗，南、北两面墙壁各开置 3 个箭（券）窗，箭（券）窗呈拱券形，窗外口宽 0.56 米、高 0.92 米、进深 0.31 米，窗内券宽 1.37～1.38 米、高 2.1 米、进深 0.85～1.32 米。敌台内部构造由南北向 3 条筒拱和中间 2 道隔墙构成，其中筒拱长 6.7 米、宽 1.5 米、高 2.9 米，2 道隔墙厚 1 米，墙体上各开设 3 座券门，门宽 1.18～1.48 米，高 1.65 米，南面墙壁中在箭（券）窗内券两侧各建有 1 条便于上下的砖砌梯道，阶梯宽度 0.37 米、级高 0.27 米，顶部四周皆筑有垛口，下部设置射孔，南侧两端各有 1 个梯道出口，其长 1.2 米，宽 0.8 米，上方建有具有遮挡功能的雨搭。目前，敌台损毁较严重，在风雨剥蚀中外壁风化程度明显，东北角已坍塌，顶部铺舍已遗痕难寻，雨搭早亦塌毁。现存敌台残体底部东西长 9.8 米、南北宽 9.7 米，顶部东西长 9.5 米、南北宽 9.35 米，准正方形，高达 7.6 米，威武雄壮之势尚在。其他敌楼保存现状与之相类似。特别值得一提的是在长城志上编号第 162 号的敌楼，建在海拔高度 880 米的山顶上，当地人俗称"大尖楼"，它是明长城北京以东海拔较高的敌楼，所以也被称作"京东第一楼"。

板厂峪的山势奇险，长城的墙体多建在陡峭的山坡、山脊上，为便于戍卒巡防爬上爬下，随山就势建有很陡的梯道，梯道由青砖和墁地砖砌筑而成。梯道外侧的垛墙，或降或升，错落有致，看上去十分壮观，令人惊叹不绝。一座座屹立在山顶的敌楼，虽然给当年戍守长城的官兵带来了诸多生活上的不便，但是居高临下，视野开阔，便于瞭望，易守难攻，也给长城的戍守和安全带来了诸多的便利条件。当然，游览、参观者需要费点力气，通过攀登或仰视才能领略万里长城这一神奇建筑的奥妙与壮美。

见其险，思其难，观其奇，寻其因。板厂峪长城最险要地段的外侧多是深山峡谷，属于天然屏障，足以想象到当年选址修建时对于"以险制塞"修建原则的领悟和贯彻程度。戍守官兵攀登陡窄高悬的台阶，需要手脚并用才能通过，若没有台阶直接攀登的话，其费时和艰难程度可想而知。在板厂峪长城坡度较缓的地段修建有马道，用以方便物资运输，令人惊奇的是马道上每隔两三米还铺设了排水沟，既解决了避免墙体受雨水冲刷的坚固、耐久问题，也方便人员、骡马的上下行走。此外，在板厂峪还能看到用于长城防御的"羊马墙"和"品坑阵"等属于军事防

御中"拒马阵"一类的设施。其在长城防御体系中，主要对阻挡北方游牧骑兵很有作用。"羊马墙"也称"挡马墙"，设置在守城士兵弓箭等的有效射杀范围内，砌筑在较开阔的地方，一般石墙为干砌，厚度1.1米，高度在1.4米左右，作用是阻挡或减缓骑兵的行进速度，以利于歼灭。"拒马阵"以古代防御体系中的"品坑阵"为主，分布在板厂峪西峪南线长城北侧。在一条山间沟谷西侧的开阔地面上，挖掘、垒砌了300多个矩形"拒马坑"，它们依"品"字形或网络状，密集相连，组合成了防御严密的"拒马阵"。"拒马坑"均由石块垒砌而成，长3～3.5米，宽2.5～3.2米，深约0.8米，占地面积8～10平方米，"拒马坑"之间的石墙宽0.9～1米。目前，有很多"拒马坑"还保存较完好，曾多次在"拒马坑"内出土过保存完好俗称"扎马钉"的铁蒺藜和陷马陶筒，让人产生对历史场景的无尽遐思。

板厂峪本来是一座名不见经传的平凡山村，却因这里埋藏着万里长城迄今保存最完整的神秘砖窑而闻名。目前，板厂峪是发现长城砖窑遗址数量最多的地方，由80多座砖窑组成的长城砖窑群和长城建筑材料的集中加工场地，向人们讲述着当年戍边将士修筑长城的故事。长城砖窑的窑顶距地面约0.25米，顶部由焦土、碎砖等分隔层覆盖。从已经被揭开的窑顶，能够看到由厚重的青砖砌筑成的窑壁，虽然经过了几百年的掩埋、密封，但一层层码放有序的长城砖坯完好如初，测得窑口直径3.5～6米不等，窑深3.5米。经过比较分析，发现窑里的长城砖坯有多种规格，样式主要分为砌墙砖、地墁砖和滚水砖三类。不同的砖坯，烧成后可用于长城建造的不同部位，而砖坯的沙土配比和密度并不一致，导致砖坯的重量产生差异，重的约 10.5 千克。据估算，每座窑内的长城砖约有 5 000 块。此外，当地文物普查队还在板厂峪发现了保存尚完好的明朝民居以及 10 余处古寺庙遗址，还发现了古制石厂遗址、古炼铁炉遗址，并出土了大量的明朝兵器和筑城劳动工具。板厂峪长城出土的各种铜铳和铁铳，样式别致，十分珍贵，特别是一支长度仅有 10 厘米的铜铳，过去很少发现，研究价值较高。

2017 年，秦皇岛市借助第二届河北省旅游产业发展大会召开契机，在板厂峪景区的基础上改造升级，修建了集山水长城、传统婚俗、文化体验、康养度假为一体的乡村旅游小镇。板厂峪美丽的自然风光和长城景观资源吸引着无数游人。这里还有一座展陈面积不大、收藏文物不少

板厂峪明代长城砖窑遗址 / 方志强摄

的长城文化展馆，展陈着明代制造的信号炮、火药药仓、木炮等古代军事、生活用品，无声却又生动地讲述着这里的长城遗迹、长城人物、长城故事。

（三）喜峰口

喜峰口，位于河北省迁西县城西北 50 多千米处，历来是中原出关的交通要道，自然也是历史上北方游牧部落朝贡或进兵劫掠的主要通道。这座长城关隘过去需要跋山涉水才能到达，如今已经难觅真容，淹没在了水库的水中，只在枯水期才可见部分残墙。喜峰口古称兰陉，坐落于燕山群峰之间较小的盆地里，左右皆是高山对拱，北依险峻的山崖，西有河水流过，长城跨经西岭直抵潘家口关城，其东有滦河作为天然屏障，地势十分险要，历史上它是松亭关内外的交通要道。据历史文献记载，喜峰口关始建于明洪武年间，是大将徐达率军在燕山首建的 32 座关隘之一，明永乐年间因关城得名改称喜峰口，原来关城长宽各约 400 米，东西城墙与长城主体相互连接。明景泰三年（1452 年）于关门上建镇远楼，楼高"四丈"。嘉靖年间在关口东北侧又修建来远楼，楼高"四丈五尺"，周长"二十四丈有余"。关口东南约 2 000 米原建有喜峰城，据《永平府志》记述，其"石筑，城高二丈，城周四百十八丈六尺，堑八十一丈五尺，西、南各有一门"。关门北面有桥城与崖壁相连，桥城下建有水关，筑有千斤闸，名曰闸寇。关门和关城相连，这种独特的建筑结构，使得关城形成了三重关门并由石基砖墙牢固连接的一体化样式。

除了关城的东、西城墙与主体长城自然相连，在城墙的六个触连点位上还建有可以驻兵戍守的空心敌楼，防御严密且建筑精巧。

喜峰口雄踞在滦河河谷与长城相交之地。发源于河北省北部山地的滦河，是河北省内流域面积最大的河流，它漫流草滩、穿山越岭，南北纵贯于河北北部、东部，而在燕山山脉东段形成了一个较大的隘口——喜峰口，其古称卢龙塞。东汉末期曹操率军和辽西的乌桓作战，东晋时前燕进兵中原，都曾经过卢龙古塞。明朝的卢龙塞又是蓟（州）镇长城的代称，《卢龙塞略》就是关于明长城蓟（州）镇的一部志书。按照文献记述，喜峰口一带都是高山，地势十分险要，战略意义重大。明朝时期，喜峰口是北方蒙古族兀良哈三卫进贡的主要通道之一，对方很熟悉此关隘的地理环境和防御状况，所以兀良哈三卫的兵马每次从赤峰、平

河北省唐山市喜峰口段明长城 / 董旭明摄

泉来攻打长城，袭扰京都，喜峰口常常是首当其冲。而明朝军队攻击、追剿兀良哈三卫的蒙古骑兵，也常常是兵出喜峰口。

明朝永乐元年（1403年）北元势力内部产生矛盾，相互残杀，结果分裂成为鞑靼、瓦剌和兀良哈三股势力，其中兀良哈部聚居在今内蒙古老哈河和辽河流域一带。开始的时候三个部落势力并不经常袭扰明朝边境，只是彼此之间相互残杀，朝廷和他们之间既有封赏和经济上的相互往来，也偶有摩擦和冲突。再发展到后来，原本归附于明朝的一些蒙古部族，自恃强悍，纷纷脱离明朝。之后，在相当长的一段时间里，出现了时叛时降的不安定局面。明宣德三年（1428年），长城外原本属于明朝大宁都指挥司管辖的兀良哈三卫（朵颜、泰宁、福余）公开叛明。明宣宗于是就亲率大军，北出喜峰口，开始征讨兀良哈部。明嘉靖十年（1531年），兀良哈三卫联合攻打喜峰口后，明朝就更加感觉到了加派重兵戍守此地的重要性和必要性。隆庆三年（1569年），兀良哈三卫兵再次进犯喜峰口，镇守蓟（州）镇的总兵官戚继光率军凭险赶走了兀良哈三卫的犯边兵。明万历初年，蒙古部族军队再组织力量进攻喜峰口，戚继光率部出青山口，经运动迂回，在喜峰口外打败了来犯边的军队。由此可见由关城、长城墙体、烽燧等构成整体防御系统的喜峰口战略地位和作用的重要性。

喜峰口开始建筑时是分为关城和城堡两个部分进行的，这在长城防御体系中是一种很常见的现象。设计者主要还是出于军事上的全盘考虑，把关城与堡城分设，使防御与驻守分开，既功能明确、有所区隔，又形成彼此相依、共同拱卫的格局。城堡坐落在群山包围的盆地里，城堡的四面墙皆用条石砌成，非常坚固，高度可达两丈多。可以想象在生产工具和作战能力都有限的古代，车马行人要想进入关城并通过严密的三道门，该是件多么不容易的事情。

喜峰口在现代社会也同样名声大振、故事精彩。它是 1933 年中国军队长城抗战的主战场之一。喜峰口战役发生于 1933 年 3 月 12 日至 3 月 24 日，国民革命军由宋哲元率领的陆军第二十九军，在此顽强阻击侵华日军关东军。战役中，由于中国军队武器装备落后、弹药不足，使得战斗打得异常惨烈，但二十九军的将士们，凭着高昂的士气，挥舞大刀杀敌，创造了抗日战争历史上的奇迹，也成为人们熟知的《大刀进行曲》创作和产生的背景素材。该歌曲在全国广泛传唱，中国军队抗击侵略、英勇无畏的精神，极大地激励和鼓舞了全国民众的抗日信心，谱写了可歌可泣的壮丽篇章。

如今，喜峰口的关口、关城及喜峰口城，虽然都已经淹没在位于唐山市迁西县与承德市宽城满族自治县、兴隆县交界的潘家口水库之中了，但它在历史上的声名和状貌，以及在此所发生的种种故事，还会不断地被人们回忆、讲述和追问。

（四）黄崖关

黄崖关位于天津市蓟州区北 28 千米崇山峻岭中的下营镇黄崖关村。蓟州，在历史上是唐朝以后的称谓，1913 年改称为蓟县，因其在秦汉时期统属于渔阳郡，隋朝又设有渔阳县，所以迄今仍有渔阳城之称。出

天津市蓟州区黄崖关段明长城 / 董旭明摄

黄崖关向北是河北省的兴隆县，发源于兴隆县山区的泃河横切燕山后向南流淌，河水冲刷河谷形成了峰峦林立中的一条通道，黄崖关就坐落在这条谷地之上，扼守着这条通往燕山南北的沟谷道路。黄崖关是明朝蓟（州）镇长城的险要之关，也是天津市区域内唯一的一座较大规模的长城关城。据刘效祖《四镇三关志》载："黄崖口关，永乐年建，通大川。正关，水口，东西稍城，断头崖安口墩，中山儿，龙扒谷砖墩，东西二空，俱通骑。"关城东侧山崖的岩石多呈黄褐色，每当夕阳西下映照山崖的峭壁之时，往往反照出耀眼的金光，景色十分壮观，素有"晚照黄崖"之称，该关因此而得名。

据《隋书·地理志》记载，渔阳郡无终县是有长城的，可能是指北齐修筑的东至渤海的边墙旧迹。之后的历史文献上并没有这一地区修筑过长城的确切记载。直到明朝初期为了防御北元等游牧势力的袭扰、劫掠，才开始大规模修筑蓟（州）镇长城。据文献上记载，明永乐、成化年间修筑了关塞，嘉靖年间修筑了土石城墙，隆庆年间创建了骑墙空心敌台，万历年间才全部用砖包砌、加固了城墙，现存的黄崖关长城形制与结构即是这时期的遗物。黄崖关在明朝永乐年间初建时较为简单。据《四镇三关志》记载："黄崖口关，城六十里，嘉靖三十年创修，三十六年，三十八年，隆庆元年增修，包括正关、水关、东西稍城。"关城的规模在多次修缮后发生变化。明嘉靖二十九年"庚戌之变"后，明朝为了强化对京都的安全防御，开始大修长城，黄崖关得以扩建。长城向东西两侧延伸，东到马兰关，西和将军关长城相接。到隆庆年间，戚继光任蓟（州）镇总兵时，对蓟（州）镇长城城墙及其他军事设施进行了修缮，尤其是在这一区段修建了大量的空心敌台，如今在城墙上还留存着隆庆四年（1570年）修建空心敌台时所立的一块石碑。据史料记载，万历十五年（1587年）王一鹗任蓟（州）镇总督时，曾率众对关城进行了一次大规模的包砖加固，并重建了北城墙。万历十九年（1591年），只相隔四年，又对黄崖关关城附近两侧的边墙进行了包砖加固。

黄崖关城选址在山谷收窄的隘口处，随山形地势而修建，坐落于沟河西岸的台地上，由瓮城、东城和西城三部分组成。关城总体呈类似刀把的不规则长方形，城南墙的西半部向南凸出，实测城周890米，南北最长处不足270米，东西最宽处为200多米。为了加强关城的防御能力，关城中间还砌有一道南北向的隔墙，将城分隔为东西两部分。关城东、

西、南各开有 1 门，今已不存，只有南门基址模糊可辨。明代围绕黄崖口关周边的军事防御布局十分周密，不同的史料记载：这里按军防序列归蓟（州）镇马兰路统辖，设有提调官员，具体管辖"一关六寨二营城"。"一关"，即黄崖关；"六寨"，即大平安寨、车道峪寨、青山岭寨、船舱峪寨、古强峪寨、赤霞峪寨；"二营城"，即黄崖口驻操营、黄崖口营。另外，还修建、管控边墙 30 千米，空心敌台 12 座。这些不同等级和规模的军防营寨沿山谷纵深布局，并与关口东西两翼边墙、敌台共同构成了重点突出、分工明确、相互协作的军事防御体系。

在当地，黄崖关有"九门九洞"之说。这是指关城有东、西、南三座城门，再加上东、西城隔墙上的两座小门和四座水门，正好是九门。城门和水门都是砖券拱洞形制，也可以称为九洞，实际上还未包括东城门外瓮城的城门。因防御需要，关城北城墙没有开城门，只设登城洞口，且在城台上建了一座当地人俗称"关帝庙"的北极阁。从平面布局来看，关城的街道并不作棋盘式布局，而由十几条死巷、活巷、丁字巷互相交错、组合构成，后人习惯上称作"八卦街"。可惜后来仿建的八卦形制，已没了原有的街区形态。关城南门上，原本嵌有一方楷书 "黄崖关" 汉白玉匾额，20 世纪 80 年代，墙倒楼毁，石匾已成村中井台上的垫脚石。南面还建有一座牌楼，牌楼的阳面刻文"蓟北雄关"，阴面则为"金汤巩固"，寓意丰富。北面墙往东延伸，一直到一座孔桥式建筑的水关，水关上面砌有雉堞，下面是券筑拱形水洞。文献记载，水关全长 75.5 米，通高 12.15 米，上有垛口、射孔，下有铁栅栏，仅水能够流动，而人马不能跨越，严密控扼着沟河谷地。水关西接黄崖关城，东连太平寨。如今，这座水关早已坍毁，只剩少量的北城墙遗迹，原貌也许只留存于史料的记述中了。

关城西侧的长城边墙，依照"因地制宜"的修建原则建筑了砖墙、石墙以及山险墙、劈山墙等多种形制的墙体。沿线的敌楼、墩台密集，有 20 座，有方形，有圆形，或砖筑，或石砌，形制不一。其中距离关北 1 000 米，傲立在龙婿山坡上的凤凰楼较有特点。凤凰楼为圆形、砖砌，底径 16.1 米，高 18.3 米，分上、下两层结构，顶部建砖结构的楼橹、铺房。墙垣坍毁严重，整楼毁于"文革"时期。20 世纪 80 年代，天津市人民政府和社会各界人士共同集资按照原貌复原重建。黄崖关长城中较有故事的还有其东南 10 千米的小平安村段的太平寨，在此相传名为"寡妇楼"的空心敌楼，长久向世人讲述着 12 位戍守长城兵士的妻子忠贞勇毅、结伴寻夫、参军戍边、以身报国的动人故事。在太平寨长城入口处的广场上矗立的戚继光石像，身着戎装，气宇轩昂，令人肃然起敬。

（五）金山岭

金山岭长城位于北京市密云区与河北省滦平县交界处的古北口与司马台寨之间，长城长约 10.5 千米。因其建在大、小金山之上，故称金山岭长城。这段长城的墙体保存基本完好，仅有少数地方存在墙体略有剥蚀和砖垛不同程度坍塌的现象。测得现存墙体基部宽 6 米，顶部平均宽约 5 米，高 5～8 米。墙体顶部建有垛口，垛口上有瞭望孔，垛墙下

河北省滦平县金山岭段明长城／方志强摄

方设有或射孔、礌石孔道、排水口等。墙基多为条石垒砌，墙体内芯为夯土，外用青砖包筑。一些险要地段和转折处的墙体上还修建有障墙，并在靠近地面处和距地1米处各开设一排射孔，防御和实战功能明显。

在历史上，金山岭段长城属明代蓟（州）镇古北路管辖。古北路下辖9座关隘，自西向东分别为古北口关、师坡谷关、龙王谷关、砖垛关、沙岭儿寨、丫髻山寨、司马台寨、鸦鹘安寨、卢家安寨。这段长城不仅地势险要、视野开阔、气势非凡，而且形制多样、敌楼密集。站在金山岭长城向东、西两个方向望去，视线所及最远的地方都会有长城和敌楼，让人能真切感受到长城之长。特别是位于古北口以东约 7.5 千米处，已修复的金山岭长城精华地段，山势、地形特别复杂，墙体坚固，敌楼密集，防御设施种类繁多。一眼望去，在高低错落的震撼之中伴有强烈的视觉美感。由烽火台、墙体、壕堑、坞、炮台、指挥所等不同设施组合、构筑成了重要地段严密的系统工事。如在被称为"将军楼"下的坞堡，形制呈半圆形，簇拥、怀抱着"将军楼"，而在坞墙上设置的射孔、垛口非常密集，每 3～5 米就设置一个。墙顶部位的马道上，横亘、排列着起伏错落的障墙，便于戍卒隐蔽作战和防御。有些地段敌楼与敌楼相互之间距离仅有 50 多米，还有一座保存完好的指挥所距离敌楼不足 20 米，称得上"靠前指挥"的实用案例。

金山岭长城的修建体现着"因地制宜""以险制塞"的原则，彰显出古代军民高超的智慧和才能。在类型上，金山岭长城边墙分为青砖包砌墙体与毛石砌筑墙体两种，其中绝大多数为青砖包砌的砖墙。其基础为人工打制的长条石，多为 3～5 层，个别沟深、坡陡的地方，条石基础铺设 6～10 层，牢固且实用。在条石基础上砌筑的墙体基本是采用夯土填充、青砖包砌、白灰勾缝的形式，且在砌筑时随墙的高度变化做对应性的收分，一般为墙高的 16% 左右。如有的地段墙高 6 米，底部宽 4 米，收分后上宽约 3 米，且墙体与垛墙或女墙连接。另有一些地段采用就地取材的方法，以毛石砌筑石墙。石墙底部条石铺设的基础层数并不相等，以三四层的居多。墙体的墙芯普遍采用黄土、沙石混合搅拌填充，叠层夯筑形式；青砖包砌墙的顶部普遍使用双层方块墁地青砖铺面，每遇陡坡，便用青砖砌成梯式台阶，以便于戍守士兵上下通过。在城墙顶部的外侧，还用砖、石砌筑成垛墙，即城墙顶外侧连续凹凸的齿形矮墙。其下凹部分高 0.8 米，上凸部分高约 2 米，底宽 0.45 米，上宽 0.4 米，由青砖与垛口石砌筑。金山岭的垛墙上的垛口是将条砖一侧烧制成长方形与三棱锥的结合体，砌筑在垛口两侧，从而形成特殊的内外八字形垛墙形状。垛墙每间隔一米多远就开设一个垛口，便于戍守士兵通过垛口瞭望、观察、射击来犯之敌。垛墙外面的一侧，每隔 3 米左右距离墙体上留设一个礌石孔，有的专家也称其为"悬眼"，修建在垛墙的底层，马道平面的上部。其内孔高、宽在 0.5 米左右，内口下半部分是砌筑垛墙时专门预留的方孔，上半部分则采用异型砖拼砌成拱券状，外口上部墙体出檐石内侧凿出一半圆形缺口，半径 0.18 米。与礌石孔对应配套的是礌石槽，它是为了方便在马道上施放礌石，在墙体外侧专门修建的凹槽溜道。一般溜道长度 0.7 ～ 1.7 米不等，槽深 0.22 米，溜槽全部采用预制异型砖错缝砌筑，每块砖的弧形逐渐增大，最底部一块是整砖，依次收分至最上口，从而形成一个便于礌石滚动的凹槽。收分明显是为了使礌石在溜道内能产生一定的弧度，以使抛出的距离更远，便于有效打击靠近墙下的攻城人员。

金山岭长城建筑形制上的精巧还体现在每个垛口石的上面留有一个小洞，这是为了架设佛朗机而专门制作的，代表着当时设计和施工理念的先进性、前瞻性。佛朗机这种射击型武器，下面有独脚的支架，将其插在小洞里，可以做上下左右转动射击，以提高使用效率。为了最大限度地保障戍守官兵的生命安全和城墙整体的协调、牢固、美观，在城墙顶部内侧，用砖砌成高 1.7 米的女墙。女墙又称宇墙，是指城墙顶部内侧连续性的矮墙，由条形砖一顺一丁砌筑，设置出水孔、射孔。其底部宽 0.45 米，上宽 0.4 米。出水孔的建筑形制是用烧制好的两块异型砖拼成"∩"形孔道。射孔形状多为边长 0.3 米的准正方形，上沿采用雕刻、磨制的方法制作成云钩状、官帽状等不同的纹饰。

明朝以前各代所修筑的长城，都设有实心土夯或石料砌筑的墩台，每隔一段距离就砌筑一个，以便于戍守士兵在上面瞭望或侦察敌情。可是，常年巡行、戍守在长城上的士兵们，历经风雨霜雪、寒冬酷暑，如果缺少遮风挡雨、降温驱寒的设施，而仅仅依托坚固的城墙进行防御，就会非常辛苦、降低防御实力。为有效保存和积蓄自身力量，实现消耗或消灭进犯敌人的目的，长城的建设和防御都采取了有针对性的方法及措施。如在金山岭长城内侧城墙合适的部位还开设有券门，供守城士兵上下长城之用。券门内铺设石梯或砖砌梯道连通到城墙顶部，方便遇有犯边袭扰的军情异况时，守城士兵迅速、便捷地从券门直接登城或进入敌楼，立刻投入守土、戍边的战斗中。此外，到明朝中期，在长城戍守中开始越来越多地使用火器，石炮、铁炮、火铳等武器都要依靠火药和火种，而火药和火种都需要避风避雨的储存条件。这个问题引起了在蓟（州）镇领兵的戚继光的注意，怎么解决戍守士兵常年暴露在风霜雨雪之下无所庇护、缺少安全保障的问题？如何破解遇有战事军火器具临时运往城墙时间来不及，而提前堆放到城墙上又无可储藏的难题？经过实地考察和思考，他向朝廷提出了增修空心敌台的奏议。从隆庆三年（1569年）开始，戚继光组织征调大批士卒、民工，动用银两、物资，开始了艰巨的筑台修城工程，直到隆庆五年（1571年）八月，终于在蓟（州）

河北省滦平县金山岭段明长城 / 方志强摄

镇长城线上修建起 1 000 多座坚固又实用的空心敌台。虽然它们在规模和形制上并不完全整齐划一，但是却解决了戍守士兵在长城上风餐露宿的问题，同时解决了长城戍守的军火和生活物资及时运送以及长久存放的难题。空心敌台的修建改善了戍守官兵的生活条件，自然也提升了长城防御的质量和安全等级。

金山岭边墙上的敌台全部为空心敌台，是在谭纶任总督、戚继光任蓟（州）镇总兵期间，在原来墙体的基础上增筑改建的，而且在建筑形制上具有多样性特点。如：按平面类型分，有方楼、长方楼和拐角楼；按建筑层数分，有两层楼和三层楼两种；按结构类型分，有砖石、砖木、砖石与砖木相结合类型；若按敌台内部空间形式分，有拱券式、回廊式、穹隆式、无梁殿式、十字交叉式五种类型；而按敌台上部建筑楼橹的形式分，具有铺房式与望亭式两种形制的区别，就连楼橹屋顶的形式还有歇山、硬山和攒尖三种。具体到金山岭空心敌台的四种样式：一是平面呈目字形的三筒拱四柱式，如被称为"将军楼"的敌台；二是平面呈目字形的三筒拱六柱式，如被称为"大金山楼""小金山楼"的敌台；三是平面呈回字形的环形筒拱四柱式，如别具特色的"花楼"敌台；四是平面呈正方形的无筒拱木柱楼板承重式，如"无名楼"敌台。至于建在敌台顶层的铺房与望亭，前者多为三间硬山式建筑，供士兵休息之用。在样类区分上既有砖木结构的，有砖仿木结构的，有不出廊或前后出廊的，也有前设照壁的。后者主要形制是南北对开两门式望亭或东西南北对开四门式望亭，亭的四周用条砖砌筑围墙，在木柱及木梁架上覆盖防雨、雪的瓦顶，实用、牢固兼具审美价值。

　　金山岭长城西接京北要冲古北口，地理位置特殊，呈现北部平缓、南侧多峭壁悬崖的地形地貌特征，面临着"易攻难守"的防御难题。基于系统防御"因地制宜"的考虑，在重点地段还设置了支墙。所谓支墙是一段从边墙主线延伸出来的长城"复线"，形式上是与边墙马道相连接而又独立构成的墙体。同主线边墙相比较，支墙的特点是：马道上两侧均为垛墙；炮台数量比主边墙上多而密集；顶端敌台内部结构全部为砖拱券回廊式。这样的建筑结构与布局明显突出了"守"的理念和防御性特点。金山岭长城共有两条支墙，一条在龙王谷关西侧向北延伸的山脊上，另一条在砖垛关、沙岭儿寨两关之间最长的山脊上。在砖垛关与沙岭儿寨两者之间，北部东、西两座烽火台直线距离不足 300 米，相互呼应，视野开阔，能俯瞰长城外几百米远的区域，可有效预警并阻击进入关与寨防御范围内的犯边势力。在沙岭儿寨与砖垛关向北侧伸出的一条山脊上，横卧着一条支墙，支墙上炮台密集并耸立着 3 座敌台，用以阻止来犯的入侵者，足见防御之严密。

　　金山岭长城的毛石砌筑墙，是用经过简单挑选和加工的不规则山石砌筑的墙体，俗称"虎皮墙"。在砌筑材料的选择上往往根据石块之间角或面的形状及咬合度进行，砌筑时用白灰砂浆黏结。金山岭共有两处石砌墙体，一处为支墙墙体，另一处则是文字砖墙的内侧墙体，体现出"因地制宜"和"就地取材"的修建原则。

　　金山岭长城烽火台的选址和建造极具匠心，战略目的明确。四座烽火台，一座位于龙王谷关北侧，被称为龙王谷烽火台；第二座位于丫髻山寨北侧，被称为丫髻山烽火台；另外两座设置在砖垛关前东、西两侧，人们称之为东、西烽火台。文献记载，东烽火台始建于洪武年间，地处二道梁子涵龙沟与沙岭沟两沟之间山脊顶端，东南遥望丫髻山寨，南视沙岭儿寨，西南鸟瞰砖垛关，西面平视西烽火台、桃春关，北现为二道梁子村，可谓四面八方皆可望也。而其台体形状呈圆形，下底周长 26.6 米，直径约 8.5 米，高 4.8 米；顶端周长 22.4 米，直径约 7.4 米。整个台体外用毛石砌筑，白灰勾缝，内为毛石、沙土填芯夯实。顶面方砖铺墁，周边条砖砌筑装饰性垛墙，内周开设排水槽，并在东南西北四个方向安置出水嘴，中间建有长 3 米、宽 3.9 米、高 0.6 米的烟池。从烽火台选址的科学性和实用功能齐全的角度来看，金山岭长城系统防御工程的各个部分特点鲜明、突出，相互协调、一致，追求尽善尽美。

（六）居庸关

居庸关位于今北京市西北约 46 千米的昌平区南口镇居庸关村。关城建在一条长约 20 千米的沟谷之中，这条沟谷就是京畿著名的"关沟"。古时候，居庸关作为进出北京的交通要道，有"一夫当关，万夫莫开"之势。据《西关志》描述："南环凤阙北枕龙沙，东连军都之雄，西界桑乾之浚。其隘如线，其侧如倾，升若扪参，降若趋井。翠屏吐秀，金柜吞奇，跨四十里之横岗，据八达岭之要害。诚天造地设之险，内夏外夷之防云。"居庸关所在的"关沟"两侧高山耸立，雄踞其中的关城是唯一的通道，军事、经济、地理、交通意义重大。居庸关的名称由来已久，早在秦始皇统一六国之前，成书于战国时期的《吕氏春秋》中就有

"天下九塞，居庸其一"的记载。在历史上还有著名的"太行八陉"说，是指太行山从今山西经河北至北京一带数百里，沿途山地连绵不断，从山坡至山脊皆陡峭不可攀越，其间只有八条通道可达，谓之"太行八陉"。居庸即其中的第八陉。关于天下九塞包含居庸的表述，其他文献中偶有记载。《金史》上说，"中都（金首都，在今北京广安门一带）之有居庸关，犹秦之崤函（关名），蜀之剑门也"。可见其地理位置和战略意义十分重要。作为首都西北的重要门户和天然屏障，居庸关排列八陉中的第八，被称作控扼军都山的军都陉。在漫长的历史岁月中，居庸关始终是一个军防重镇。文献记载，秦始皇在修筑长城的同时，曾沿长城设置了十二郡，用于开发长城沿线，以保障长城戍守的人力和物资供应。其中设置的上谷郡就在今居庸关附近的延庆、昌平、怀来、宣化、保定这一区域，当时这里存在从外地徙迁百姓和囚徒到此居住、劳作的情况，相应地取"徙居庸徒"之意，也有了"居庸"的说法。据《后汉书》上记载，建武十五年（39年），"徙雁门、代郡、上谷三郡民，置常山关、居庸关以东"[1]。到了汉元初五年（118年）也有鲜卑入上谷，攻取居庸关的事件记载。从汉代开始居庸关几易其名，但当时所称的居庸关并不是指称如今长城线上的关口，而是居庸县与军都县之间的边界关口。1972年在内蒙古自治区和林格尔县发掘了一座汉墓，墓内壁画上有一幅关于居庸关的画面，壁画上明确标写出了"居庸关"三字，画面表现出了关内外人们和车马相互往来的生动情况，这说明2 000多年前居

---

1 ［南宋］范晔撰，［唐］李贤等注：《后汉书·光武帝纪》，北京：中华书局2020年版，第52页。

庸关内外的我国各族人民便有了彼此间密切的经济、文化交往。

从地理位置来看，关沟是从内蒙古、大同、宣化等地通往北京的一条孔道。居庸关距北京中心50余千米，三国时被称为"西关"或"军都关"，北齐时又改称"纳款关"，唐时也称"纳款关""蓟门关"，后改称"军都关""居庸关"，自宋、辽时期以后，历金、元、明、清各代直到今天，始终称居庸关。

居庸关修筑长城是自北魏才开始的。《魏书·世祖本纪》上说：太平真君七年（446年）修筑的 "畿上塞围" 东 "起上谷，西至于河，广袤皆千里"。这个历史上有名的 "畿上塞围" 即指北魏的南长城。北齐天保六年（555年），又征发了180万人修筑长城，"自幽州北夏口（今居庸关南口）西至恒州（今山西省大同），九百余里"[1]。然后，又把长城从这里往东延伸，修筑到了海边山海关。自此，居庸关已不仅是北京西北一处重要关口，而且与长城相结合成为长城上重要的军防关隘。辽时，居庸关一带被契丹所统治，军防职能转变为以征收关税、检查行旅为主。元至元十六年（1279年）， "居庸陉"成为皇帝及随从往返于上都（原都和林）至大都（今北京）间的必经通道和途中驻跸之所。到天历元年（1328年），《读史方舆纪要》上记载，"诏居庸关垒石为固，调丁壮守之"，这应该是现在规模的居庸关关城的建城之始。

今天我们所看到的居庸关长城建筑，除云台和南门部分之外，基本上是依照明朝时期的建筑样式和规模于1993年开始复建的。复建工程

---

1 ［唐］李延寿：《北史·齐本纪》，北京：中华书局1974年版，第253页。

经过各界人士 4 年多的共同努力，至 1997 年基本完工。总计修复长城墙体 4 142 米，不同形制的敌楼、铺房、烽燧等建筑 28 座，并且在关内还重修了各种建筑 30 座，面积达 7 000 余平方米，包括寺庙、亭榭、仓储、神机库、户部常设衙署及书馆建筑等。这些重新复原的建筑，很容易让人回溯历史、追忆往事。

元至正二十八年即明洪武元年（1368 年），朱元璋率领的军队攻克了元大都，元顺帝被迫退回到塞北草原，明朝灭掉元朝。但是元代统治者仍然保存着较为完备的政治机构以及较为强大的军事力量，并占有、把控着东至呼伦贝尔湖，西达天山，北抵额尔齐斯河及叶尼塞河上游，南到现在的明长城边墙一线的大片领土。除此之外，元王朝在陕西、甘肃、辽东等多地还有残余势力，甚至在云南还有元宗室梁王的一支军事力量。从明朝初期同北元发生过的若干次激烈战斗来看，元顺帝的军事实力并未减弱到已无还手之力的程度，而是时刻都想卷土重来、收复失地、重主中原。对此，朱元璋有着比较清醒的认识，于是，他在开国初期，十分重视强军固边，首先选派大将军徐达修筑居庸关等处的边墙、关隘、墩铺及桥道。据《延庆卫志略·关隘》上说："明太祖既定中原，付大将军徐达以修隘之任，即古居庸关旧址垒石为城，即今上关。景泰初，王师败于土木，兵部尚书于谦言：'宣府，京师之藩篱。居庸，京师之门户，亟宜守备。'乃以佥都御史王竑镇居庸，修治沿边关隘。因旧关地狭人稠，度关南八里许古长坡店创建城垣，即今延庆卫城也。周围一十三里三十七步有奇，东跨巽山之上，西跨兑山之巅，南北二面筑于两山之中，高四丈一尺，厚二丈六尺，东西二面依山建筑，高厚不等。"

这段记载与今天居庸关的建筑形制还是基本相符的。根据文物专家实地勘查，居庸关东、西二面依山建筑的城墙，的确存在着高厚不等的情况。在现在南侧关门的"居庸关"三字匾额上，还保存有"景泰伍年捌月吉日立"的字样，北侧关门的匾额上则有"景泰伍年伍月吉日立"的题记。这无疑提示着，现在的居庸关关城和长城墙体，应该是明朝重修的。而修建于汉、三国、北魏、北齐、隋、唐以及辽、金时期的关城遗物和遗迹已经很难寻觅了，更早的形制和建筑规模的容貌已不可见。除了上文提到的和林格尔汉墓中所发现的有关居庸关壁画外，至今还在居庸关残破的城墙中发现了一些较大的沟纹砖的残碎部件，应是辽、金以前的遗物，这间接地说明这里原来确有关城和其他建筑物。《水经注》上记载："关在沮阳城东南六十里居庸界，故关名矣。更始使者入上谷，耿况迎之于居庸关，即是关也。其水导源关山，南流历故关下。溪之东岸有石室三层，其户牖扇扉，悉石也，盖故关之候台矣。南则绝谷，累石为关垣，崇墉峻壁。"[1]这段文字说明北魏时的居庸关关城还是用石块砌建的。之后，不同时期的统治者都有程度不同的修建，直到元朝，文献上说曾在关城的南、北做了两个大红门，设立关卡和斥候[2]。

居庸关现在的"云台"和南门保留着元代建筑的特色及风格。所谓"云台"，其实指居庸关城中一座庄严神圣的佛教建筑汉白玉石台——过街塔（又称塔门或门塔）基座，明朝时称为"云台石阁"，今习惯性称为"云

1　［北魏］郦道元著，陈桥驿、叶光庭、叶扬译注：《水经注全译·湿余水》，贵阳：贵州人民出版社1996年版，第489—490页。

2　斥候，侦察用，类似于烽火台，参见元·欧阳玄《过街塔铭》。

北京市昌平区居庸关及"云台" / 方志强摄

台"。"云台"修建于元至正五年（1345年），台上原本先后修建过
喇嘛塔和泰安佛寺，后历经火灾，到明时仅剩汉白玉砌筑的基座了，于
是以云台石阁称之，简称"云台"。这座雕刻精美的"云台"中部开辟
有可通车马的券门，券门和券洞内是精细、珍贵的元代雕刻，内容为佛
教造像和经文。券门两侧，有金刚杵及各类浮雕，正中刻有金翅鸟王、
大蟒蛇及各种各样的花边图案；券洞内两壁镌刻有四大天王浮雕，其间
是用汉、藏、回、蒙、梵、西夏6种文字所写的《陀罗尼经咒》和《造

塔功德记》。在居庸关"云台"的地面上，至今还保留着明显的车辙印痕。说明这条由约 120 块巨石铺成的道路，曾有无数的行人、车马从券洞内穿行往来，以致坚硬的大石块都被磨出了深深的车辙。居庸关在军防上被古代军事家称为控扼南北之古今巨防，毫不为过。

北京作为明朝的都城，长城防守体系有内、外两条线，即内长城、外长城和内三关、外三关的布局安排。而在长城内外还设有许多功能不一、大小有别的城堡。按照指挥层级建有镇城、卫城、所城、关城、边堡等不同形制和用途的防御建筑，并且与长城主墙连接成一个有机的整体，从而构成严密、完整的长城防御体系。比如"关沟"中八达岭长城外有岔道城，内有上关、居庸关，再往里又有南口城。居庸关关城是明洪武三年（1370 年）徐达率众修筑的，但却没有其他翔实记载。当初所建关城的规模只能通过相关文献的记载，间接地想象或推知了。因为此处设置了守御千户所，永乐二年（1404 年）又升格为卫城，统领 5 个千户所，所以当时的规模应该很大。居庸关自洪武建关后，历代都有修建，是在戍守实践中逐步调整和完善的。其中较大的一次维修发生在景泰初年。"土木之变"以后，当时兵部尚书于谦奏明皇上，居庸为京师之门户，要加强守备，需要重修居庸关。重修后的居庸关关城呈圆周封闭形，城墙东到翠屏山脊，西到金柜山巅，周长 4 142 米。关城附近山峦重叠，树木葱郁，植被茂盛，自然景色层层叠翠，十分壮美。无怪乎远在 800 年前的金明昌年间，"居庸叠翠"就作为一景，被列入"燕京八景"了。

居庸关长城之所以设置这样宏大的规模，除了护卫京都之外，还有

另一个重要的原因，就是保护明代皇陵——明十三陵。明王朝为加强皇家陵园的防卫，在嘉靖二十九年"庚戌之变"后，首设了指挥机构昌平镇。特别设置了专守都御史一员，驻守在昌平州（今北京市昌平区），主要负责天寿山陵区的防护工作。据《明实录》记载，嘉靖三十年（1551年）二月，"自渤海所起至黄花镇居庸关及白羊口长峪城镇边城横岭口一带，一切防守事业俱属其经理，参将二员俱听其调度"。至此，昌平镇正式形成，其长城军事防御事宜仍受蓟、辽、保总督的节制，所管控的长城东北起于黄花路渤海守御千户所慕田峪关东界，同蓟（州）镇石塘路的关口（今北京市怀柔区莲花池关）接邻，向西南伸延至镇边路挂枝庵口南面的浑河左岸，而与保定镇沿河口（今北京市门头沟区沿河城乡西）相望。昌平镇的指挥机构曾几度变更，如嘉靖三十八年（1559年），又将副总兵裁撤，改提督武臣为镇守昌平等处总兵官，总兵府仍设置在昌平州城内，管理职责依旧主要是皇家陵园，长城防御只是其管辖范围的一部分。

（七）八达岭

八达岭是一个远近闻名的地方，位于北京市距市中心60千米的延庆区八达岭镇岔道村东2.5千米的山上，处于军都山"关沟"古道的北口，与南口相对。八达岭是重要军事关隘居庸关的门户，在明朝是守护京都的屏障。其地理位置非常特殊，自古以来就是从内蒙古、山西、河北、张家口等地进入北京的交通要道。这里，长城建筑气魄宏大，防御体系严密、完备，古人曾说："居庸之险，不在关而在八达岭"，确有道理。

八达岭作为世界一流的旅游观光目的地的定位，名实相副。其名称的由来曾有两种说法。一是"把鞑岭"说。因为明朝时此地长城主要防御对象是鞑靼，谐音"把鞑岭"，即防守鞑靼的重要口子。二是取四通八达之意说。由于这里南面通向南口、昌平抵北京，北面通向延庆、丰宁，西面通向怀来、宣化、张家口，道路由此处起四通八达，所以称为"八达岭"。此说与明朝《长安客话》中的说法不谋而合："西至岔道一百四十里，出居庸关，北往延庆州，西往宣镇，路从此分，故名八达岭，是关山最高者。"看来后一说较为可信。八达岭长城所在地，春秋战国时期是燕国北境，属于上谷郡，而上谷郡是因建在大山谷上而得名的。2007年文物工作者在距八达岭长城十几千米的汉墓中，出土了一块写有 "上谷王文胜铭"字样的墓砖，佐证了此地山戎部族与燕国发生过袭扰和冲突事件。文献资料显示，战国时八达岭所在地区已开始构筑关防工事，至今仍有残留的城墙、墩台等遗迹。秦汉时仍承上谷郡旧制。汉时这里设置了军都和居庸2座关城，一般认为汉时的居庸关即在今八达岭附近。到唐代时该地区属妫川州。后晋石敬瑭向契丹皇帝行父子之礼后称臣，并割幽云十六州（又称燕云十六州、幽蓟十六州）给契丹，就包括妫川州等。此后的1 000多年时间，八达岭长城所在地先后归属于儒州、镇州、龙庆州、隆庆州和延庆州，直到辽、金、元三朝皇帝北上巡幸，也曾多次往返"关沟"，路经八达岭。实际上远在元朝以前，金代诗人刘迎就有《晚到八达岭下达旦乃上》和《出八达岭》的长诗，明确提出八达岭的名称了。他在《晚到八达岭下达旦乃上》一诗中，

北京市延庆区八达岭段明长城 / 董旭明摄

描写了车马行走"关沟"的艰难，也写出了自己的心绪："车马两山间，上下数百里。萦纡来不断，奕奕似流水。"

同在"关沟"的八达岭与居庸关，在明朝同属于一个关联度极高的完整的防御体系，当时八达岭也常被称为"居庸外镇"。因为八达岭高踞"关沟"北端最高处，海拔在600～1 000米，两峰夹峙，山口狭窄，一条通关道在中间拓开，关城可以居高临下、俯瞰其余，形势极其险要。据《畿辅通志》记载："由南口至是凡五十里，岩峦复合，两岸如削，八达岭之城，既险且坚。"明初，设居庸千户所时，八达岭是其下辖的军事单位，作为居庸关千户所的北口前沿阵地，归属北平都司管辖。后来在此驻防的军队，曾分别隶属于长城九镇管理体制下的蓟（州）镇、宣府镇和昌平镇。

目前，我们所见的八达岭关城、边墙及其他设施为明时所建。关城始建于明弘治十七年（1504年），逾年完成了初具规模的修建工程。随着防御形势的发展变化，为进一步加强对北京都城的安全防御，嘉靖十八年（1539年）巡关御史陈豪重新修筑了八达岭关城东门，并题书了"居庸外镇"的门额。门额右上方小字"巡按监察御史陈豪书"，左下方小字"嘉靖己亥仲秋吉旦"。万历十年（1582年）又重新修筑了关城西门，并刻筑了楷体双勾横书"北门锁钥"四字匾额。该匾材质是汉白玉石，由五块小石匾组合成整体长方形。上款"万历十年岁次壬午伍月吉旦立建"，落款"钦差总督蓟辽保定等处军务兵部尚书兼都察院左副都御史山阴吴兑，副巡按直隶监察御史新喻敖鲲，右参议兼按察司佥事延安岳汸，左营中军都督府右都督桐城杨四畏，副总兵官署都指挥金事定远胡懋功，都指挥体统行事指挥金事密云李凤先"。算下来，由弘治十七年（1504 年）至万历十年（1582 年），历经近 80 年的时间，八达岭长城的修筑才终于形成了"城"与"关"相连、"墩"与"堡"相望、烽火报警设施完备的防御体系。依照明朝"九镇"建制的隶属、层级关系派驻官员和士兵把守，并在军事装备上配备佛郎机炮、架子铳、神枪、神箭、火药、铁顶棍、礌石等轻重武器。从建筑形制和规模上看，八达岭的关城与长城主体边墙相连，关城的北城墙向两边山顶延伸。据《西关志·居庸》记载，八达岭关城"上跨东西两山，下当两山之冲，高二丈五尺，厚一丈，长六百八十丈。南北城门城楼二座，敌楼二座，城铺二间，护城东山平胡墩一座，西山御戎墩一座"。关城中原有营房和察院公署等简单的建筑。在地形、地势上，关城位于"关沟"的高点处，城池横跨两山之间，呈东高西低状，平面则呈东窄西宽的梯形状。关城开设东、西两门，两门之间相距 63.9 米，均为砖石结构建筑，券洞上为平台，台之南北各有通道，连接关城的城墙，台上四周砌筑垛口。在关城南、北城墙各建有马面一处，马面下部均由花岗岩条石砌筑，上部包青砖，十分坚固。在马面的两侧还各建敌楼一座，并与城墙相连接，进而与关城形成掎角之势。位列关城北部的敌台，四面建有垛口，并置铁炮搭配弓弩等武器。关城两侧的敌楼向东、南修筑两道"U"字形瓮城，面积约 5 000 平方米，瓮城城墙上内外两面都建有城堞、垛口，攻守功能兼具，一旦被敌人围困，可成为堡垒，从多个方向拒敌、攻敌。八达岭长城城墙为砖石结构。城墙平均高度为 7.8 米，个别地段高达 14 米，城墙略有收分，一般下宽为 6.5 米，上宽平均约 5.8 米。城墙内侧每隔

数米不等的距离开设一座券门，内置石梯与城墙顶部相通，方便戍守人员上下往来。城墙顶部由三四层墁地砖铺成，最上一层方砖用白石灰浆勾缝。城墙上的步道宽 4.5 米，墙外侧一面建有垛墙，开有垛口，墙高近 2 米，墙垛中部有方孔形瞭望口，下部设有箭窗（射孔），墙面依照惯例建有排水沟和吐水嘴等设施。城墙顶部内侧建有高 1 米的女墙（宇墙）。[1] 由此可见八达岭长城的坚固、精美程度和防守重要意义。

正由于八达岭关城和边墙等设施，有着地形险要、防守谨严、易守难攻、构成体系的防御特点，所以古代发生战争时，直接强攻八达岭而取胜的事例不多。攻取一方基本上都是绕道从南口袭击、进兵，采用前后夹击战术，夺取居庸关，进而攻破北京城。如明崇祯十七年（1644 年）三月，李自成领导的农民起义军一路攻城夺地，攻下宣府之后，进兵居庸关。大军在来到八达岭关城后，却强攻多次、耗时长久、拿不下来，于是便改变战略、战法，分出兵力攻打防守较弱、地形欠险的柳沟，绕出居庸之南，而从南口攻取居庸关，取胜后顺势占领昌平，使得南北两路大顺军先会师、再包围并最终攻取了北京城。在长城的防御布局上，八达岭一带的长城仍属内长城，八达岭关城属于"内口"，而在张家口、万全、赤城、阳高一线尚有一道外长城。明中后期由九镇改扩为十三镇后的宣府镇，设置在八达岭以外的宣化，说明长城为拱卫京城做了重点突出、内外兼重、重重设防的系统化劾御部署。

八达岭长城在明代万里长城的关隘中，是最具有代表性的防御工事

1　参见北京市地方志编纂委员会：《北京志·世界文化遗产卷·长城志》，北京：北京出版社2008 年版。

之一，而今更是一处中外闻名的文化旅游胜地。长城是一条内蕴着丰厚历史信息的文化纽带，已经把中国和世界各地连在了一起，奏响了人类命运共同体的新篇章。据统计，至今来八达岭参观长城的世界各国首脑、政要有 600 多位，其中有不少人曾是在全球有影响力的风云人物。

当然，西方人初见长城，惊叹中国人创造的这一人间奇迹，并不是从现在才开始的。最早在 1563 年，葡萄牙历史学家巴洛斯已经开始在西方介绍中国的万里长城了。之后，德国考古学者希里曼在 1863 年发表了一篇名为《我到长城的旅行》的文章，详细讲述了他考察长城的经历和对长城的看法。他说，从爪哇岛火山的高峰上，从加利福尼亚的西拉利瓦达的山顶上，从世界屋脊喜马拉雅山的山顶上，从广阔的南美洲高原上，虽然见到过许多壮丽的景象，但那都不能和他看到的长城相比。他在文中表示，"长城不可争辩地是人类的双手所创造的最奇伟的作品，它是过去的伟大所留下的纪念碑"。同样把长城说成是纪念碑的还有法国思想家伏尔泰以及写有《中国长城建造时》的作家卡夫卡。他们并没有来过中国，更没有实地登上过长城，而仅仅通过阅读资料，再加上一些遐想，便产生了长城是"恐惧的纪念碑"的看法，这与西方世界认识长城和中华文化的一些观点不谋而合。可见，以八达岭长城为代表的中国长城，其历史价值、文化价值、精神价值具有多么深刻的内涵和影响力。如今，八达岭下的青龙桥火车站老站，还保留着一处纪念我国近代杰出工程师詹天佑先生的碑亭和铜像。詹天佑先生早年留学美国，回国后即致力于我国的铁道建设事业。老京张铁路八达岭这一段工程，坡陡路险，修建难度极大。当时的外资公司不敢承担设计施工任务。詹天佑

先生经过详细的调查、研究，大胆地创造，解决了坡陡的问题。火车行驶到南口后改由两个火车头，采用前面牵拉后面顶推的方法，顺利解决了这一段铁路的坡度过陡问题，使之成了当时世界上少有的修路奇迹。这一铁路工程自 1905 年破土施工，到 1909 年全部建成，至今已 100 多年，已经与八达岭长城的名字密不可分。

（八）娘子关

娘子关是一座庄严的长城关隘。它位于今河北省、山西省交界的山西省平定县东北的娘子关镇，距平定县城 45 千米，是连接晋冀两地的咽喉要地，有着"万里长城第九关"之称。娘子关所处的位置是华北平原和太原盆地间的太行山脉中，正是纵贯南北的太行山脉的中心部位，其东边是广阔富饶的冀中平原，而西则为黄土高原的东部边缘。据文献记载，娘子关早在汉代时就开始修建城堡，并逐渐成为通关要道。在汉代以前，这里仅是凭险设关，并无军亭建筑。娘子关在明代以前不同的历史时期，其被掌控和用于防卫的对象并不一致，先期主要是防范东侧进犯的敌军和往来的行旅人员。从明代起，中原统治者基于保卫京师的目的，用于防卫突破外长城由西侧进犯的北元军队及残余势力。

"娘子关"之名称，最早见于金人元好问的《游承天悬泉》词中，内有"只知晋阳城西天下稀，娘子关头更奇崛"之句。到清朝官修地理总志《大清一统志》中，首次将"娘子关"这一名称收入官修的文献里。娘子关的 "娘子"到底说的是谁，坊间有不同的传说。其一是指唐朝

的平阳公主。据传说娘子关原是古苇泽关（隋开皇时曾置苇泽县，后废），
唐初时因平阳公主曾率娘子军驻扎此地，设防、创关、建城，故名"娘
子关"。据《畿辅通志》载，娘子关"讹传唐平阳公主驻兵于此，因名。
明嘉靖二十一年（1542 年）建城"。[1] 其二是指春秋时晋国介子推的妹
妹介山氏。据《山西通志》《平定州志》《元和郡县志》等记载，春秋
时晋国介子推的这位妹妹焚死绵山，后人曾在娘子关这个地方，为之筑
妒女祠，并立碑记之。现祠已毁废，尚有碑及文等收藏于山西当地博物
馆。平阳公主是唐高祖李渊的三女儿，也是唐太宗李世民同一个母亲的
亲姐姐。她精通武艺，谙习兵道，胆略过人，喜欢征战。隋大业十三年
（617 年）五月，李渊决定起兵，平阳公主的丈夫柴绍决定追随。起兵前，
平阳公主在家变卖了财产，招募人马，由最初几百人的队伍，很快发展
壮大起来。她凭借自己超人的胆略和才识，统领队伍经过东征西讨，最
后扩充、发展到了几万人。其实这支被称为"娘子军"的队伍，并不是
由女人组成的军队，而只是由女人统领的军队而已。平阳公主虽然是一
位中国历史上很了不起的巾帼英雄，但在《旧唐书》和《新唐书》等历
史文献中，因男女地位不同并没有留下她的事略与名讳，其生年不详。
今娘子关只留有"点将台""避暑楼""洗脸盆"等与平阳公主有关的
传说遗迹了。

娘子关旁有一条长流不息的绵河，其古称绵蔓河，发源于山西省寿
阳县，全长 125 千米，向东流至平定县境后当地又称其为桃河。历史上

---

[1] ［清］黄彭年等修：《畿辅通志·关隘》，上海：商务印书馆 1934 年影印本，第 2936 页。

的娘子关关城位于桃河东南侧的山崖上，关城南侧为绵山，西侧为桃河，稍远北侧则称为绵河，就是说关城建在两侧临水的绵山半山腰处。目前，娘子关关城的山川地理形势已发生了较大变化，关城所处山崖一侧修建了公路，关城的阻道、锁口作用已失，不再是东西往来的必经通道了。从自然环境来看，桃河的两岸树木葱郁、植被茂密，河边芦苇丛生，可知此地故名"苇泽"并不虚传。坐落在悬崖峭壁之上的娘子关关城，居高临下，俯瞰悠悠的河水由西南折向东北，环绕、奔腾而过，彰显出此地山险、沟深，地理形势险要。现存关城为明嘉靖二十年（1541年）所建，其东城门建于明嘉靖二十一年（1542年），明崇祯七年（1634年）又做过加固增修。建关初期，依照军防建制设井陉兵备道，统领固关、娘子关两处守军。次年，娘子关设百户官员一名。到了清代，虽然不再大规模修筑长城了，但却加强了娘子关、固关一线的防守，当然主要是为了管控经贸往来与税收。清顺治三年（1646年），真定镇设固关营，并分兵驻守娘子关。娘子关设把总头领驻守。据《娘子关志》记载，守备娘子关的军兵头领先后有：清顺治四年（1647年），把总为朱弘基；康熙十年（1671年）把总为丁国柱，而前任为徐必建；康熙四十二年（1703年）把总为崔颜实；雍正三年（1725年）把总为杨元善。由此可知，娘子关的防守等级并未降低。

明朝初期，明王朝面临着退到草原的北元军队及多股残余势力的频繁挑战。后来，经过一段时间的征伐，游牧部族的袭扰、犯边形势有所改观，但是边患风险依然严重。在嘉靖二十一年，明朝借助险山、河谷的天然屏障，在这里重新修筑起了娘子关城堡及边墙，并专门派驻守备

山西省平定县娘子关 / 董旭明摄

军队，查验人员、货物的往来，严密把守关城。据《明英宗实录》载：
景泰四年（1453 年）"龙泉关都指挥佥事吴瓛奏请修娘子关等隘口，
以备不虞，从之"。在建筑布局上，娘子关关城平面呈长方形，南北长，
东西狭窄。关城内有南北向街道一条，这条街道在关城正中处与另一条

西南向东北走向的街道相接，是城内的主要街道。关城开设有东、南两个城门，两座城门外均无瓮城。南城门主要为向外迎敌而设。南门外即关城东南侧，有一条坡度近45度的陡坡石质古道，是进出城池的唯一通道。其拱形券门为石灰岩石砌筑，门洞高3米，宽2.05米，门额上嵌有一方石匾，阴刻横书"京畿藩屏"四个大字，此匾首尾题署，因匾石风化严重，今字不可辨。关城东城门为砖券拱形门洞，其上方门额石匾阴刻横书"娘子关"三个大字，并有"直隶"两个小字，合起来题为"直隶娘子关"。匾头题"钦依固关等处地方都司署指挥□□何启龙立"，匾尾署"娘子关守口官加衔守备傅左书"。东城门外四周平阔，无险可依。门上建有城堡平台，主要是用于瞭望敌情和检阅兵士操练，现已修建起城楼。南门建得坚固、厚实，为青石砌筑，城台上建有宿将楼一座，此楼为木结构，在楼南的四根花岗岩石柱上镌刻两道楹联："雄关百二谁为最，要路三千此并名"，"楼头古戍楼边寨，城外青山城下河"。此楹联道出了娘子关地理位置和城堡建筑之奇特与险峻。实际上娘子关关城依据功能不同区分为上关、下关两部分，东为上关，西为下关。

娘子关关城南侧的绵山上筑有敌楼，而与固关之间交接的山峰上建有烽火台。绵山敌楼位于绵山主峰西部，海拔800余米，与关城宿将楼为同一时期的建筑，该楼可以俯瞰绵河谷地和道路情况。娘子关关城附近的烽火台选址比较讲究，一处在家峪沟的山上，另一处在炮台山上。据《娘子关志》记载，现存家峪沟山上的烽火台为砖砌方锥形结构，高6米，长6米，宽6米；东侧有高2米、宽1米的门洞，建有上下的石阶；另有直径1米、长2.6米的井筒为狼烟碉。烽火台不仅设计、建造精巧，而且报警实用功能鲜明。看来，娘子关的关城、边墙及其他建筑设施，遵循"因地制宜"，讲求相互配套，也构筑起了完备的长城防御体系。

娘子关战略位置重要，历史底蕴厚重，自然风光壮美。它不仅是一座产生过许多传说和故事的关隘，更是一座在近代史上有着光荣历史的英雄关隘。1900 年 10 月，德法联军进入山西地区，一路打杀到了娘子关。娘子关一旦失守，侵略者的步伐就会进一步向西迈进。法国军队集中了 12 000 人，率先向娘子关发起进攻。驻守娘子关的清军约有 8 700 人，他们在武器落后的情况下，顶住了法军先后 13 次进攻，使得法军伤亡惨重，阵亡士兵人数达 1 200 余人，最终不得不撤回北京。此战，写下了近代史上中国军人抗击外侮的壮丽篇章。

娘子关周边风光壮美，景色幽静怡人。清王祖庚《娘子关》诗这样描述："城临苇泽湍流急，寨望承天曙色开。"[1] 这里的绵山、承天山、紫金山等，是距今三百万年前的喜马拉雅运动中形成的高山，都是太行山脉极具内涵的名山。娘子关周边山体岩层断裂发育和地层变化，形成的地下水沿山体裂隙涌出的瀑布，则形成了奇特的"娘子关瀑布"景观。另外，还有承天寨、老君洞、妒女祠、烽火台、点将台、洗脸盆、避暑楼等十多处古文化遗址，其中不少都与平阳公主驻防娘子关时的传说、轶事相关联，蕴藏着丰富的历史和文化信息。

娘子关，不知吸引了多少文人墨客纷至沓来、抚今追昔、感慨万千。

---

1 孙志升主编：《长城诗歌》，秦皇岛：燕山大学出版社 2019 年版，第 188 页。

（九）雁门关

雁门关坐落在山西省忻州市代县西北 20 千米处雁门关乡雁门关村东约 100 米山腰处，又名"西陉关"，旧名句（勾）注，又称雁门塞、西隆关，是长城上的重要关口。雁门关地处山阴县广武城南的咽喉要道上，北临新广武 10 余千米，距内长城约 5 千米，东南侧 1 千米处是雁门山，海拔 1 733 米，西南侧 2.5 千米处是陡沟梁，南侧的过雁峰海拔 1 819 米，地形十分险峻。《舆图志》上有"天下九塞，雁门为首"的记载。关于雁门关名称的说法不一。其一据《天下郡国利病书》记载："雁门古句注，西陉之地，重峦迭巇，霞举云飞，两山对峙，其形如门，而蜚雁出于其间，故名。"另一种说法依据《山海经》上，"雁门，飞雁出于其门"的说法，讲雁从门中飞过，因而得名雁门关。借用《三关志·地理总考》的表述来说："雁门，《禹贡》冀州之域。两山对峙，其形如门。《山海经》曰：雁门者，蜚雁出于其间，故名。"[1]地处代州古城北的句（又作勾）注山附近峰峦错耸，峭壑阴森，谷壑中有山路盘旋、幽曲、穿城而过，易守难攻，异常险要，是控扼山西北部的交通要道。其得失关系着中原王朝的安危，无怪乎成为历代戍守重地。这里关墙雉堞密集，烽堠遥相呼应，虽然原有的关门城楼早已毁圮，但遗留的残破城门洞尚存。现关城为明洪武七年（1374 年）所建，明万历年间复筑门楼，其与宁武关、偏头关合称"外三关"，而雁门关是其中最大的一关。今存关门三座，

---

1 转引自向燕南主编：《中国长城志·文献卷（下）》，南京：江苏凤凰科学技术出版社 2016 年版，第 1573 页。

内有战国时赵国北边带兵良将李牧祠旧址，尚留有碑石数通。其中有明代《武安君庙碑记》，记载李牧率兵屡胜匈奴的事件。从碑文叙述中可知，明代战乱时雁门关战事频发，实为军事重地。古人称其为"三关冲要无双地，九塞尊崇第一关"并非虚言。

关于"雁门"的地名所指以及名称的由来，目前学术界尚有不同的表述和论争，但雁门关在历史上重要的战略作用及意义无可争辩。《雁门志》曾这样记载："秦汉以为北边，代山高峻，鸟飞不过，中有一缺，鸿雁往来。代多鹰隼，雁过被害，惧其门不敢过，呼为巨门。雁欲过其山，必衔芦一枝，然后敢过。鹰隼见而惧之，雁得过山，即弃芦枝，因以名焉。"实际上早在战国时期，这里就与边防、战事有了关联。赵武灵王决意"驱胡攘地"，实行"胡服骑射"，使赵国势力日渐强盛，发展到战国中后期已经是唯一能够与强秦抗衡的强国了。后来赵国在北部的征战、守边中，大败林胡、楼烦等游牧势力，在新拓边地建立了云中、雁门和代郡，实行有效管控。到赵孝成王即位后，赵国名将李牧率兵驻守雁门时，曾"大破匈奴十余万骑"，其后十余年，匈奴不敢轻易袭扰赵国边境。后人在雁门关建有"靖边寺（楼）"，纪念其保境安民的历史功绩。之后，统一后的秦朝大将蒙恬率三十万大兵，从雁门出塞征伐。在汉武帝时期，为了防止匈奴南下袭扰、劫掠，雁门关一带开始设置郡县严密加强防守。汉代名将卫青、霍去病、李广等都曾驰骋在雁门古塞内外，多次大败匈奴，为安边守土立下汗马功劳。到北魏时重建关城，始称雁门关。隋唐时期，一度称为西陉关，后来又恢复原来雁门关的名称。据《隋书·地理志》记载："开皇初郡废，十八年改曰雁门。大业初置郡，

有关官、有长城、有累头山、有夏屋山。"[1]隋灭陈后建立了大一统天下，这是古代文献中第一次出现管理雁门关的专门职官。在这里，隋炀帝杨广曾经率兵与突厥作战。唐初时，薛仁贵为代州都督，镇守着雁门要道。北宋初期，雁门关一带成为宋、辽激烈争夺的战场，演绎了一出出至今民间盛传的英雄悲喜剧。太平兴国四年（979年），杨业任代州刺史兼三交驻泊兵马都部署后，负责雁门关地区的防御，曾多次带兵征战，创造以少胜多、大败辽兵的战例。几年后，雍熙三年（986年），杨业及其所部陷入辽军重围，最后落得全军覆没的悲壮结局。后人为纪念他的战功和忠义精神，在雁门关北口立祠表彰，并一直传颂着杨家将忠勇报国的感人故事。

但是，从春秋到唐代，历史文献上大都是以"句注塞"来表述雁门关地名的。如《河东记》说，句注，以山形勾转，水势注流而得名。《吕氏春秋》《淮南子》等也以"天下九塞，句注其一"来表称"句注塞"而非"雁门关"。看来，"塞"与"关"是否为同一地点，尚待细考详查。不过，历经岁月流逝，历史上不同时期修筑的关城早已在风蚀、雨侵、战乱中毁掉了，现在可见的建筑遗存均为明代所建。依据史料记载和实际考察，雁门关关城周长约1千米，城墙高6米多，墙体由青砖包砌而成，墙上建有垛口，墙芯是夯土筑成，墙的基础部分由山石垒砌筑造。其共开设东门、西门与小北门三座城门。在其东门上建有楼台，城内设置的干道与城门连接。关城内正北面设置驻军营房，东南面设练兵

1　向燕南主编：《中国长城志·文献》（上），南京：江苏凤凰科学技术出版社2016年版，第180页。

山西省忻州市雁门关 / 董耀会于 1985 年摄

教场，而西门外右侧建有关帝庙。此外，在关城周围和近邻山下还建有关署、东城兵盘、西城兵盘、点将台、六郎城、新广武城、旧广武城等军事设施，从而共同组成了明代雁门关协调一体的防御体系。

明代雁门关这种体系化的防御建设，始于明洪武七年（1374 年）吉安侯陆亨贬于代州时。关城旧址是历代征战要地，先是在其上重新修建了关隘，同时修筑了连接关城的内长城，随后又不断修缮，日趋完备。到正德八年（1513 年）修筑长城时，文献记载其"东起浑源州，西至宁武，因山为险，凡四百余里"。嘉靖十九年（1540 年），都御史刘皋修筑雁门塞三百里，高阔以一丈五尺为式。嘉靖二十五年（1546 年），宣大总督翁万达再次大修雁门长城。直到万历三十三年（1605 年），巡抚李景再修雁门关城。这样，在经过不同时期屡补屡修之后，雁门关

形成了由关城、瓮城和围城三部分组成的一座牢固关城，不仅防卫功能明确，而且体系化特征更趋突出。关城的小北门为雁门关第一道关门，实际为瓮城城门，门额嵌有"雁门关"石匾一方，两侧则镶嵌青砖镌刻的"三关冲要无双地，九塞尊崇第一关"的联句。东门因门匾上刻有"天险"，也被称为天险门，城台上建重檐歇山顶建筑，名"雁门楼"。西门门匾上刻"地利"，也称地利门，城台上建筑为"杨六郎祠"。雁门关是长城"外三关"中唯一与长城主城墙相连接的关城。雁门关东西两翼的长城，设立了十八座隘口，整体布防格局可概括为"两关四口十八隘"，这是由于雁门关的战略意义实在重要。据文献记载，古代在雁门关发生的较大的战事有 20 次以上[1]。据《雁门关志》记载："勾注山，古称陉岭，岭西为西陉关，岭东为东陉关，两关石头边墙连为一体，历代珠联璧合互为倚防。雁门关明代前址西陉关，东陉关倚防；明代后址东陉关，西陉关倚防。"从地理角度上说，古今雁门关的所处位置是有变化的，古雁门关北口为白草口，南口为太和岭口；明雁门关北口为广武口，南口为南口，即明代雁门位于古雁门关的东陉关处。在历史上雁门关一直以"雁门紫塞"著名。作为"代州八景"之一，原来这一带山上生产赭石，并在明代李时珍著的《本草纲目》中称为代赭石。而在附近不同的山地上还有含有其他矿物成分的石、土，也呈现紫红色，在光照作用下，分外壮丽好看，验证着"雁门紫塞"的古称并不为虚。

北宋文学家欧阳修曾写过一篇《供备库副使杨君墓志铭》，称赞宋

1　靳生禾、谢鸿喜：《关于雁门关年龄、遗址的考证和考察》，《山西大学学报（哲学社会科学版）》1993 年第 2 期，第 78—81 页。

辽交战时期的杨业、杨延昭"父子皆为名将，其智勇号称无敌，至今天下之士，至于里儿野竖，皆能道之"。这篇文章写于杨业死后的第 65 年，供备库副使杨君名杨琪，杨业乃其伯祖。而杨家将的故事发生在北宋初年。当时杨业在朔州陈家谷身负重伤被俘，最后全军覆没。在评书、戏曲等不同的文学作品中，杨业共有 8 个儿子，都忠勇无比，为国献身了。而在《宋史》的记载中，杨业实际上共有 7 个儿子：杨延朗、杨延浦、杨延训、杨延玉、杨延环、杨延贵、杨延彬。他们也不是如民间故事讲述中那样，杨家父子皆为国尽忠捐躯，实际上只有杨延玉随其父征战时，于陈家谷一战殉国，其余的 6 个儿子皆得善终。其中，延朗为崇仪副使；延浦、延训并为供奉官；延环、延贵、延彬并为殿直，也就是皇帝的侍从官。这说明史实和民众的审美判断、审美理想之间是存在距离的。这个在中国家喻户晓、妇孺皆知、流传千年的杨家将故事，因为杨家将的英勇报国、满门忠烈的英雄形象塑造，才备受后人的喜爱和尊崇。

雁门关，曾见证了历史上无数的战争故事。在抗日战争中，1937年 10 月，八路军一二〇师在雁门关以南黑石头沟、吴家窑一带，成功伏击了日本侵略军的运输队，击毁敌军汽车数十辆。同月，还是在雁门关，八路军一二九师在西口阳明堡，夜袭日军机场，仅用 20 分钟时间，便将守敌和 24 架飞机全歼，写下了可歌可泣的现代版的雁门关英雄传奇。

（十）镇北台

镇北台位于陕西省榆林市榆阳区城北 4.5 千米的红山上，东连长

城，环绕红山，控扼着南北咽喉，封锁了边关要隘，巍峙于毛乌素沙漠之边。明万历三十五年（1607年）四月至次年（1608年）七月，延绥巡抚都御史涂宗浚为保护设在附近长城边上蒙汉互市贸易的红山市，历时两年多，在红山顶端修筑成明长城上最大的军事观察哨所——镇北台，这是长城沿线规模最大、气势最为磅礴的军事墩台，主要用于监控明长城线上的贡市情况。登临台顶极目远眺，方圆数十千米的榆林景象尽收眼底。1982年，陕西省人民政府对镇北台进行了维修。1990年，陕西省人民政府对镇北台再次进行了维修。早在1982年7月，镇北台被当时的榆林县人民政府公布为县级重点文物保护单位。1992年，镇北台被陕西省人民政府公布为省级文物保护单位。2001年6月25日，镇北台作为明代古建筑被国务院批准列入第五批全国重点文物保护单位名单。

镇北台，顾名思义有镇服、安定北方之意，带有震慑北方游牧部族的自信和豪气。重新修复后的"镇北台"题字是部队书法家魏传统少将所题写的。镇北台的总体样貌是塔状，呈正方梯形。台体坐北向南，整体上是石块基础、黄土夯实填充内芯、外面包砌砖石的构造。其共设四层，由下至上逐层减小，总高28.5米。每层的台楼四周均围砌着女墙、雉堞，各层台顶外侧是砖砌的约2米高的垛口，垛口上开设有望孔、射孔、悬眼，各层垛口内四周相通。第一层为基座。其中北面基长82米，南面基长76米，东、西面基长各64米，占地面积5056平方米。基座外墙高10.74米，墙由下至上呈递减内收状，顶面北长78米，南长72米，东、西各长60米。由第一层顶沿向内抵达第二层台基进深12米，四面

陕西省榆林市镇北台 / 方志强摄

围砌着墙垣，上设女墙、垛口。垛口砖砌高约 2 米，上部设有瞭望口，垛口内四周相通。在东、南面原来周围有屋宇环列，俱为当年守台士兵居住的营房，至今尚存建筑基座，其余均已毁坏，复建后建筑物为长城博物馆。东南内侧设置青砖铺砌的马道，方便戍守人员的上下。北墙与长城相连，四面设垛墙。东墙南侧设登台城门，高 10 米。台基门洞上方镶嵌的"榆塞"二字，是已故中国长城学会名誉会长罗哲文先生应榆林人士邀请于 2008 年 11 月亲笔题写的。第二层楼台高 11.35 米，周长130 米；由第二层顶端向内抵达第三层台基进深 5 米，四面留有宽 3 米多的巡逻步道，南面开一小门，门上石匾上有明代山西巡抚涂宗浚题写的"向明"二字；门东有上、下相错的两个窗口，主要为梯道采光通风之用。北面原有的涂宗浚所书石刻横额"镇北台"已毁。南墙券洞内向东设有砖石踏步直通第三层。关于"向明"二字的含意，有多种理解。一般认为是心向明朝之意，而也有人认为这个语出《易经·说卦》的词语，意在赞扬歌颂当朝皇帝号令修筑长城，以使国家和平，民众安宁。第三层楼台高约 4.15 米，周长 88 米，进深 3 米，四面留有宽约 3 米的巡逻步道，东面砌有砖石踏步通往第四层。第四层楼高约 4.4 米，周长 60 米，进深 2 米。台南外砌有砖石踏步，台上四面围以女墙，并设垛口，面铺青砖。在顶部中央原建有砖木结构正方形瞭望哨棚，并竖立木旗杆，文献上说在清末时哨棚坍塌、毁弃，现在基形尚清晰、可辨。

镇北台紧依台东、北的下方是著名的款贡城。款贡城南距榆林城仅 4 千米，是万里长城的重要组成部分。该城修建于明万历三十五年（1607年），其背靠长城，揽抱红山，为长方形城池，周长 666 米，墙高 5 米，占地 33 000 平方米。北墙依托长城主墙体而建，与长城相接而开设两道城门；南墙开设一道城门，宽 2.5 米，高 3.2 米，门洞上方石刻的"款贡城"三字，系由榆林已故著名书法家史书博先生于 1990 年 9 月 9 日题写。城头上筑有女墙和垛口。款贡城整体建在红山之上，是沿山背修筑的，呈现西高东低状貌，与自然环境完美融合。其西靠镇北台，地势险要，城西南 800 米处有明代易马城，与款贡城和镇北台一起构成了完整的长城建筑体系。款贡城是当年专门用来款待、赏赐少数民族的来访使者的，是蒙汉官员互赠礼品和洽谈边贸事务、办理公务的城池，俗称"官市"。款贡城诞生的历史背景与镇北台一样，是明朝著名的"隆庆议和"。款贡城是民族融合"和平互市"的产物，更是不同民族和谐相处的历史见证。经国家文物局批准，投资人民币 1 000 万元，于 2012

年开始对款贡城予以保护性维修，特别是款贡城东北的长城主墙体上，已修复了两座敌楼，使款贡城基本恢复了当年雄伟壮观的历史风貌。

镇北台是万里长城三大奇观（山海关、镇北台、嘉峪关）之一，有"万里长城第一台"之称。当年镇北堡内驻防官军351人，足见明朝对镇北台这一坚固的军事设施的重视程度。当时长城沿线的戍守军队，不仅仅守护领土和边境线，还同时对长城两边民族商贸交流起着保护作用，以维持公平交易，并保障治安秩序的稳定。这不仅加强了明朝北方中部地带榆林重镇的边防，阻止了蒙古贵族对延绥及关中地区的骚扰，而且保障了蒙汉民众的自由贸易、和平往来，进而促进了长城内外农牧业生产的发展、繁荣与文化交融。

（十一）嘉峪关

嘉峪关位于今甘肃省嘉峪关市西4.5千米处。据《明史》中记载，肃州卫"西有嘉峪山，其西麓即嘉峪关也"。嘉峪关地处河西走廊之咽喉，南枕祁连山的支脉文殊山，北依连绵起伏的马鬃山的支脉黑山，两山夹峙之间，只有一条宽约15千米的平坦峡谷，是千里河西走廊较狭窄的地段之一，也是当地东西交通的唯一孔道，嘉峪关坐落于此战略要地，因此古人称其为"河西第一隘口"毫不为过。

嘉峪关以明朝万里长城西端起点而著称于世。在万里长城千百座雄关险隘中，嘉峪关是现存最完整的一座雄关。作为西汉时酒泉防务的一个组成部分，汉长城即行经此地，但是作为一座独立的关城，嘉峪关的历史并不算长。在历史上，嘉峪关西汉时属酒泉郡的天依县，东汉时改属延寿县，隋时又属福禄县，唐时属酒泉县地，五代时为回鹘所据，元时归属肃州路管辖。《元史》上称嘉峪关"河山襟带，为羌戎通驿之路"。而光绪年版《肃州新志》用这样的语句表述嘉峪关的形胜："自远而论，东以关辅为内庭，西以伊循为外屏，南以青海为亭障，北以大漠为斥候，襟山带河，足限戎马，所谓西陲锁钥也。"

史料记载，明洪武五年（1372 年），冯胜作为征西大将军，率领明军向陕西、甘肃方向进攻，击溃了盘踞在那里的残元部队。冯胜在征战期间，率兵来到了嘉峪关地区。他觉得作为河西走廊的咽喉，这里是一处不可忽略的战略要地，于是，奏请朝廷放弃敦煌，重新选址修建嘉峪关城。《肃州志》记载，其"设在临边，周长二百二十丈。东至肃州七十里，北至野麻湾四十里，南至卯来泉四十里。西接边墙，外险"。明弘治八年（1495 年），肃州整饬兵备道副使李端澄主持修建了嘉峪关关楼，史料记载该楼三层三檐，高达 17 米。正德元年（1506 年）八月，他又按照先前所筑关楼的式样、规格，监修起内城的东、西两楼，直到次年二月落成。同时，也修建了官厅、仓库等附属建筑。经过 160 多年的不断维修与扩建，到明嘉靖年间，嘉峪关已经成为明长城西端一座巍峨的雄关。关城坐西朝东，由外城、内城、瓮城三部分组成，彼此相依相套，形成一个整体。在东西向的中轴线上，还依次分布着文昌阁、内城东城楼、内城西城楼、嘉峪关城楼四座主要建筑。但遗憾的是，由于地处人烟稀少的荒凉之地，当时在嘉峪关关城的两边并没有修建其他的防御工程，看起来其仍然不过是文殊山和黑山之间的一座孤城。到明嘉靖十八年（1539年），大学士翟銮奉命巡察长城沿线守备督署的时候，认为嘉峪关作为河西走廊的一道重要关隘，战略地位险要，应该加固关城，同时还要在关城的两边增修具有防御作用的城墙，进而强化这一地区整体防御功能，以确保西部边防的安全。《重修肃州新志校注》记载："于壕内奏立边墙，每五里设墩台一座，以为保障。因使兵备道李涵监筑，起于卯来泉之南，讫于野麻湾之东北，版筑甚坚。"主管修葺施工的官员肃州兵备李涵，从南面文殊山脚下的讨赖河北岸绝壁上，经过嘉峪关关城，再向北到黑山峭壁处，修建起高大的长城墙体。这样一来，嘉峪关的关城就有了两翼，而不再是一座孤城，进而形成了"五里一燧，十里一墩，三十里一堡，一百里一城"的军事防御体系。文献显示，清朝时也多次对嘉峪关进行大规模的维修。乾隆三十一年（1766年）、四十年（1775年）曾两次重修嘉峪关；乾隆五十六年（1791年），肃州参将徐耀龙主持加固关城工程，对"光化楼"楼台进行砖包砌筑，并立"光化门"门额；同时，肃州高台知县和岁砖包了"柔远楼"的楼台及门洞，并立"柔远门"门额。次年（1792年）五月，嘉峪关游击将军袋什衣主持重修了关城内的戏楼。直到咸丰三年（1853年）八月至次年（1854年）闰七月，肃州知州李公祖劝谕士庶共同捐资修补嘉峪关长城。工程由肃州州事王川、李谆主持维修，并撰刻了"重修嘉峪关记"碑文，记述事由、经过、参与人等。同治十二年（1873年），时任陕甘总督的左宗棠目睹嘉峪关城墙日渐破损，关楼毁坏严重，于是命令军队整修关楼、城墙。左宗棠还亲手书写"天下第一雄关"，刻匾后悬挂于嘉峪关楼。

甘肃省嘉峪关市嘉峪关关城 / 董旭明摄

民国时期，嘉峪关的地方管辖权和军事防御的归属均有变化，肃州改称酒泉县（今酒泉市），嘉峪关一带受酒泉县管辖。中华人民共和国成立后，嘉峪关仍属酒泉辖地。1965年嘉峪关设市，1971年经国务院批准为省辖市。

现在的嘉峪关关城由外城、内城、瓮城、罗城四大部分组成。城郭三重。整体状貌，平面为西头大、东头小的梯形，中心形状好像一个口、底向西、东摆放着的大斗。嘉峪关关城以内城为主，关城总面积33 500余平方米，城高10.7米，以黄土夯筑而成。内城周长646米，东城墙长约154米，西城墙长约166米，南北城墙各长约160米，面积约2.5万平方米。内城城墙是分两次筑成的。明洪武五年（1372年）初筑时，墙体用黄土夯筑，高约6米，夯层在12～14厘米之间。明嘉靖十八年（1539年）再次加固关城时，又加高约3米。墙的外侧用土坯垒砌，中间填以沙石混合黄土为墙芯，少数增高的墙身也有夯筑的。内城作为关城的主体和重心，在明时设置有军事指挥机关，初设守备司，后来改设游击将军府。其他还建有公馆、仓库、夷厂等配套设施。备战所用的军火武器、粮草等也储备在内城。

现在关城墙体总高为9米，加上垛墙，总高10.7米。底部基础厚6.6米，上宽2余米。在顶部步道（类似马道）均用墁地砖叠铺路面。墙顶外侧有青砖砌的垛墙，高1.7米，垛高0.75米，宽1米，厚0.35米，垛口宽0.42米。每个垛墙上均设有瞭望孔。西面迎敌城墙的墙垛上，中部还开有灯槽，专供守城士兵夜间放置灯火用。灯槽下设置着一斜坡式炮位和箭孔，便于向攻城的敌人射击。城墙顶部内侧依例有青砖砌筑的宇墙，高 0.8 米，厚 0.34 米。内城开设有东、西两座门，在东门门楣上刻有"光化门"，在西门门楣上刻有"柔远门"。两座门都是青砖砌筑的拱券门洞，深 20.8 米，宽 4.2 米。城门为木制，用黑漆铁皮包钉以防火攻。门洞基础和地面均使用长 2 米、宽 0.5 米、厚 0.35 米的长方形条石做衬垫砌筑，牢固又防潮。基于战备考虑，在西门内北侧靠城墙处均建有青砖铺筑的斜坡马道，便于戍守士兵上下，可直达城顶。坡道下有砖木结构的门楼和土坯砌成的照壁。在两座城门之上均建有城楼，依照门名分别称为"光化楼"和"柔远楼"。楼高约 17 米，为三层三檐木结构的歇山顶样式楼阁。底层面阔三间，进深两间，在一、二层四周有围廊，竖立红漆明柱 12 根。第二层的明柱之间有木格花栏杆环绕。楼内架设有木栏杆、楼梯，可供上下攀登。第三层四周皆为木格花窗装饰。楼顶覆盖灰瓦，脊上装兽形瓦饰。

针对地形地貌的特点和防御要求，嘉峪关南北城墙均无门，而在墙头居中处筑有敌台，上有敌楼，面积 38.2 平方米，为一层三间样式，楼前有明柱通廊。城墙四角各建方形青砖砌筑的二层单间角楼一座，其高出城墙 5.4 米。角楼也称戍楼，实为瞭望的哨位，底面积 29.7 平方米，下层开设券门，方便出入，直通城内，另三面开设券式窗。楼上为平台，台四周设垛口，形如碉堡。

值得一提的是，西城墙的外侧还加筑有一道城墙，使关城西部迎敌的一面防御能力更强。关城的西外墙的两端所建的与关城南北墙平行的土墙，局部形成了一个城外城。在东光化门、西柔远门之外各有瓮城回护。正面是"凸"字形的罗城，正中开有城门与外界相通，且两端与外

城墙相连，外城墙又与关城南北的明墙暗壁相接。如此布局，形成了以关城为中心，城内有城、城外有壕、重城并守的建筑格局和态势，最终和防守区域内的长城以及星罗棋布的城台、烽燧、墩台组成网络结构，构成了完整、一体的军事防御和通信体系。

习惯上，人们把关城的东、南、北三面用黄土夯筑的围墙，称外城。其筑于嘉靖年间，西端与罗城南北两端相接，合围形成广场。外城周长1 263 米，遗迹残高 3.8 米，基厚 2.3 米，上阔 0.65 米，均为黄土版筑。外城墙现有 383 米的残缺，现已补筑成有垛和瞭望孔的仿古墙。外城门现存有东闸门，门洞高 4.2 米，宽 3.8 米，进深 10.6 米。闸门两侧用条石砌基，青砖砌壁，壁上嵌 36 根方木支柱，上搭方木棚架。门顶建有门楼，单檐歇山顶式，面宽三间，进深两间，红漆明柱，上盖灰瓦，装饰脊兽。史料上说，外城内原来建有街道、驿站、店铺、饭店、车马店和多处庙宇等，现仅存文昌阁、关帝庙、戏楼，其余遗迹难觅。

明朝时，嘉峪关城内原设有守备公署，清朝时改设游击将军府，这都属于军事指挥机关。城内还建有嘉峪关公馆，并在清乾隆时期开始设置主管治安的巡检司，而其他的建筑如官署、营房、仓库等后来都已毁灭了。现存的游击将军府，是 1987 年为发展旅游事业复建的。在嘉峪关的西门外，矗立着一块高达 3 米多的石碑，上面刻有字体工整、笔力雄浑的四个大字——"天下雄关"。此碑是清嘉庆十四年（1809 年）总兵李廷臣所书，由此，"天下雄关"也成了嘉峪关的代名词，传播四海，名扬天下。

第三章

长城功能：军事防御体系与文化经济带

河北省张家口市独石口镇三棵树段明长城 / 董旭明摄

　　从空间分布上看，长城总体上是以线性形态展开的，但是它并不只是一道单独的城墙，而是一个由烽火台、城墙、敌台、关隘、营城、卫所、镇城等多层级的军事设施组成的有机整体，是一道以多单元、局部多重纵深的方式组合为完整的防御体系，绵延、横亘数千千米。长城的建筑过程漫长，建筑规模极其庞大。作为军事防御系统的长城从战国时期的楚、齐开始建筑，秦、燕、韩、赵、魏及中山等诸侯国都相继在自己国家的边界线修建过长城，直到明、清时期。中国历史上众多历史时期一次又一次地修建这一巨大的工程，并由各级军事指挥系统层层控制、节节指挥，保卫和延续着中原的农业文明，调控着农耕文明与游牧文明间的矛盾，维护着长城内外多民族的融合与交往秩序。

　　以明代长城为例，不仅建造规模大、修建水平高，而且防御功能全面，管理科学、缜密。修筑长城的本意当然是为防御敌对势力在军事上的袭扰和入侵，带有为战而止战的意图。长城修筑后对双方或多方和平共处、减少军事冲突、避免战乱纷争起到了重大作用。在明代，万里长城沿线布防有序，分设了辽东、蓟州、宣府、大同、山西、榆林、宁夏、固原、甘肃九个军事管辖区，来分段防守和修缮东起鸭绿江、西至嘉峪关，全长 8 851.8 千米的长城（其中人工墙体长 6 259.6 千米，壕堑长 359.7 千米，天然险、障长 2 232.5 千米），被称作"九边重镇"。在这九个边镇中，特别是蓟州、宣府、大同、山西四个镇，相继采用以

关隘为重点，以墩台为前哨，以城堡作保障，以边墙为依托的防御理念，构筑了点线结合、以点护线的城防体系。每个边镇设总兵官作为这一段长城的军事长官，其上受朝廷兵部指挥，下则负责所辖戍守区内的防务或奉命支援相邻军防区。据文献显示，明代长城沿线约有 100 万人的防守兵力，总兵官平时驻守在镇城内，其余各级官兵依据层级关系分驻于卫所、营城、关城和城墙上的敌楼、墩堡内。长城严密而周全的防御系统，是由若干个相对独立又相互关联的子系统组构成的，体现了独立而又综合的功能及作用。

一、屯兵系统

长城防御的屯兵系统，是一个完备而严密的体系。所谓屯兵，即利用长城关隘、城堡屯驻军队，形成养兵驻防和作战的体系。长城线上的每一个防守据点都与周围具体的防守点位、防御工事以及不同级别的指挥中心密切相连，可以说各有归属，关系明确，更高级的指挥中心，则与统治中心王朝首都保持着直接联系，从而形成了一套自上而下、由点到线、由线到面、分地守御、重点设防的长城防御屯兵系统。

中国历史上不同时期的边疆防御战略各有不同，导致各个朝代长城的屯兵系统，相应地也有并不相同的名称，但其基本职能大体上还是一样的。汉和明两代长城使用时间较长，防御体系也最为完备，从这两个朝代的长城使用过程中，我们可以清楚地了解长城屯兵系统的基本情况。

汉代初期的军事防御主要靠侯、王的部队为边地屏障。汉武帝北击匈奴之后，开始设立边郡，同时设置边军，统属国家的长城屯兵系统才逐渐建立并开始严密、完备起来。汉代边郡的郡太守总领一郡兵马，是最高指挥长官，品阶为两千石。据《汉旧仪》记载："边郡太守各将万骑，行障塞烽火追虏。"由太守总领的全郡兵马，每年除巡行边塞之外，还要视长城及亭燧的损坏情形进行修缮。其副官长史、丞一般分屯于沿边要地，协助郡太守管控边防事务。郡太守之下，还设有若干都尉。在内地郡的都尉是郡太守的副手，协助郡太守负责本郡的军事和治安工作。但在长城沿线的边郡，每个都尉都统领一个都尉府。边郡都尉的品阶与郡太守一样，都是两千石。都尉下辖若干个侯，侯的副职为侯丞。侯下属的军官还有塞尉、士吏、令史、尉史等。塞尉、士吏等分屯在沿长城的烽、堠上。堠、燧、亭是长城上的最基层防御单位。堠有堠长，燧有隧长，亭有亭长，各司其职，各领其事。堠长、塞尉、士吏等军官的驻地，有的地方又称为鄣。侯官负责辖区内烽、堠、亭、燧的管理，都尉府的命令由侯官下达到烽、燧、亭、障。同样的路径，再把前线的军事情况往回传，上报到都尉府。侯官还负责对部属的督查与考核事项，并负责军粮、军械等军需物品的发放。都尉、侯官的治所往往设于关隘要塞，如西汉敦煌郡下的玉门关、阳关都尉所，就是河西走廊的重要关口。

明代沿长城初设九镇（亦称九边），后来随着长城防御态势的变化有所调整，到明末发展为十三镇，被称为"九边十三镇"。每镇都派总兵率军镇守，副总兵协守，并派有参将分守。具体设置情况是：镇的下面又设若干路，路级指挥驻守路城，路下设关、口等。长城沿线的守

山西省偏关县老营城 / 方志强摄

边部队，均驻在长城附近用于屯兵的城堡之内。其中镇城、路城、卫城是较大的屯兵城堡，城周一般 2～4 千米。镇城是巡抚、总兵的驻地，官兵可达 10 万人。路城可容 2 个卫的兵力，约 12 200 人，由总兵下属的各路参将分别领守。卫城一般由游击将军或守备等中级武官驻守，屯兵在 5 600 人左右。所城、堡城是较小的屯兵城堡，城周一般设置0.5～2 千米。所城驻兵约 1 120 人，由千总等中、下级武官统领。堡城属于长城防线的基层军防机构，每个堡城具体负责一段边墙及邻近的墩台、烽燧等防务。堡城下辖总旗、小旗及台丁。堡城选址多在长城内侧，以能设伏、攻击来敌为上佳。堡城屯兵多的可达 400 人，少的也在120～180 人。

在明长城的一些交通要道的关键节点或重要隘口，还设有大小不等的关城。驻守兵力规模根据关隘的规模大小和战略位置而定，一般中小关隘有数百或数十人不等，大型关隘有数千甚至上万人。长城防御区内各级指挥官，平时分别负责所管辖地段长城的巡防守卫，战时则根据军情需要，带领所部参加长城沿线的作战行动。长城防御区内的屯兵系统里，各级指挥官分别对上一级指挥官负责，最基层的士兵则对自己所负责的戍守对象或区段负责。

二、屯田系统

屯田制度是中国古代王朝戍守边疆、发展生产的一项重要战略措施，也是长城防御体系中的一个重要组成部分。所谓屯田就是汉代以后历代政权利用兵士在所驻防的地区耕种田地，或者招募其他民众耕种田地，以保障军队给养的集体耕作制度。主要分为军屯、民屯、商屯等几种形式。这种屯田制度最早始于西汉，以后历代政权都承续汉制，以发展屯田为守御和开发长城区域的第一要务。秦王朝开始在长城沿线地区广设郡县，"徙民实边"，进行垦种，在一定程度上稳固了边防，为后世提供了经验。西汉时期，边疆战争频发，规模空前，边防耗费过多，导致了军粮供应成为棘手问题。而从长远来看，长城区域本来就是一个农耕和游牧的交界地带，始终存在矛盾、纷争与战乱的风险。在这个长城防御区域内，军粮的长途转运及供应十分困难。要拓边守土，长期巩固所占领的区域，就必须建立稳固的粮食供应渠道。这使得就地建立粮食生

产基地，进而保障长期而稳定的粮食生产供给，成为十分必要、迫在眉睫的事情。因而在漫长又辽阔的长城区域大规模地实行屯田，就成为符合现实和长远利益要求的必然选择。

汉武帝时，凭借汉初几十年的休养生息逐渐聚积起来的比较雄厚的人力、物力和财力，得以在河西地区逐击匈奴，设置四郡。汉王朝为了长期防御匈奴的进攻，威慑和防止羌人的反抗，在对秦长城加以修葺的同时，又在一些敏感和重要区段修筑了不少新的长城，这自然消耗了极大的人力和物力。在军需物资负担繁重的情况下，一般的军内农业生产已不可能保障庞大的边防、戍守人员的粮、草、物的供给，于是军队屯田制便应运而生。据《文献通考》上记载，汉王朝实行"无事则以为农，有事则调之为兵"的"寓兵于农"的屯兵、屯田政策。这种有效化解供需矛盾、解决实际困难的做法，在实践的发展、探索中逐渐形成了制度，成为维护北部和西域边疆地区和平稳定，保障边境贸易顺利进行，进而确保包括丝绸之路畅通在内的边防安全的强有力措施。

据文献记载，秦汉时期，累计军屯、民屯或商屯而实边的兵、民人数达千万之众，直接促进了北方及西部边疆地区的经济融合与发展。当时中原农业区先进的生产技术与经营方式也被广泛应用到边防区域，带来了沿边"人民炽盛、牛马布野"[1]，与内地并无大差异的安稳局面。现在大量出土的秦汉时期的文物表明，当时居延、鄂尔多斯、辽阳等地区，都已开始使用铁犁、耕牛、钱币、衡器及量器。《三国志》记述，

1　［汉］班固撰，［唐］颜师古注：《汉书·匈奴传》，北京：中华书局 2020 年版，第 3282 页。

汉武帝"以屯田定西域"的成功经验，对边疆的治理产生了显著效果。为此，西汉王朝特在边郡设置候农郡尉一职，专管军中农业生产，以实现军粮的部分自给，进而减少军粮长途运输的劳役负担和过重损耗。《汉书·食货志》记载，武帝元鼎六年（前 111 年），"初置张掖、酒泉郡，而上郡、朔方、西河、河西开田官，斥塞卒六十万人戍田之"[1]。上述区域即今天的陕西西北部、内蒙古黄河沿岸、宁夏回族自治区全域、甘肃省兰州以北的景泰到永登，接连河西走廊，延至酒泉。当时利用戍边士卒在无战事的间隙，开垦荒地、兴修水利，展开大规模的屯田，确实减轻了由内地向长城边地辗转运送物资而产生的飞刍挽粟之劳，并避免边兵因断炊之虞而影响军心士气。

西汉的屯田主要在长城沿线的北部、西北部边境郡县展开，且边郡屯田并不属于郡县，而归属中央大司农所管辖，单独自成体系。历史资料显示，戍边是西汉农民较重的徭役之一。当时朝廷以戍卒名义，将内地不同地区的农民调拨到边地屯戍、备战，这些被征调来的农民到达戍守地后重新派遣，按分派给每个人所做的具体事项又分为戍卒、燧卒、亭卒、鄣卒、田卒、河渠卒、守谷卒等。其中前四种身份的人，所领受的任务是戍守长城沿线的烽、燧、亭、墩，后三种身份的人的任务则是屯田、种植、生产。田卒负责种地，河渠卒负责水利灌溉，守谷卒负责谷物仓储。屯田人员的粮食和生活必需品以及生产使用的农具都由官府统一调配、供给，而屯田的收获不得留存，必须全部上缴官仓。当时实

1　［汉］班固撰，［唐］颜师古注：《汉书·食货志》，北京：中华书局 2020 年版，第 1071 页。

长城沿边屯田系统 / 董旭明摄

施屯田的劳动者还有以下不同名称：戍卒、戍田卒、屯田卒、屯士、吏卒、吏士、步兵等。他们来自戍边队伍，带有军方背景，一般每年轮换一次。此外，还有一类人具有"免刑罪人""弛刑应募""田卒"以及私从者身份，习惯上可理解为戴罪之身，他们不实行轮换制，但屯田劳动力主要依靠他们中的"免刑罪人"。

到了东汉时期，屯田多采用军事编制，一般设为营、部、曲、屯四级组织机构。屯田事务一般由将军负责管理，他们都有自己的部曲，称为某某部。通常每营将军统领 5 部，战时率众进行作战，平时则课以耕田和从事治安性质的巡防与守备。前期，屯田的劳动者多由屯戍士卒组成。后来，由于征兵制度的崩坏，依律招募士兵越来越困难，而刑徒的迁徙和使用却逐渐增多。东汉的军屯制也较好地解决了戍边军队的后勤补给问题，使得长城线上北部、西北部对抗匈奴势力的防御更加严密稳固。

曹魏时期的屯田，开始主要是民屯，后来逐渐盛行起军屯。曹魏时军屯的区域和场所主要分布在今两淮地区及陕西省的西部、河北省的北部长城沿线地区。设置的组织机构比较合理，相对严密。开始时，以度支中郎将、度支都尉统领。后来，朝廷以大司农为最高领导，下设度支尚书具体负责屯田事项。但在具体实施中不少地方的军屯仍由都督、刺史实际掌管，屯种者主要是田兵、屯兵、佃兵及士等。

西晋时，军屯依然主要在西北地区推行。晋武帝时期，司马骏为镇西大将军，都督雍州（今陕西省西安市西北）、凉州（今甘肃省武威市）诸州军事，镇守关中一带。为了确保边防供给的需要，他在任期间劝督农桑，命令将帅以下所有官兵，每人每年耕种 10 亩屯地。曹魏时期军屯田租是按照五五分或四六分的形式，以确定各自所得利益，即由官方得五分或六分，屯田户得五分或四分来分配。但是到了晋初期则变得更为苛刻，屯田户与官方变成了三七分，有时甚至是二八分。明显过度地剥削，造成劳动者的劳动积极性减弱，屯田的发展动力不足，导致军屯生产陷入低迷状态。

到了南北朝时期，沿袭已久的屯田仍处于低潮。不过，由于军事防御的需要，长城沿线一些地带军屯现象依旧存在。值得注意的是，北魏、北齐、北周是南北朝时期屯田最为有效的朝代，当时长城沿线地区有许

多屯田，这对于恢复和发展农业，加强边防起到了一定的作用。北魏军屯的管理，中央由尚书省专司官员总领全国屯田，下专设屯田郎中主管屯田具体事宜。具体到以下，军屯由军事系统的官员掌管，一般皆由各镇将兼领。北魏军屯依然采取分成制的分配方式，分成比率多为四六分，即由国家得六分，屯田户得四分。屯日士卒在一般情况下只需缴纳完一定数量的地租，并无其他别的附加劳役。但是，也有部分地区除缴纳地租外，还额外增加了其他杂役。北齐时，军屯又有了进一步的发展，主要体现在屯地规模有所扩大，按《隋书·食货志》上记载的规定，凡"缘边城守之地，堪垦实者皆营屯田"，还设立了专门管理军屯的机构和官员，在边防地区的军屯专门设置都使和子使进行实际管理。另外还规定每年岁末国家要对屯田官员进行业绩考核，以进一步有效监督和管理各地的军屯。

隋朝统一全国后，面临的主要战争威胁依然来自北方突厥。与此同时，西北部的吐谷浑也曾多次骚扰西部边疆，发展演变成另一支不容忽视的敌对势力。面对强敌，隋朝除了采取修筑长城固边的措施进行防御外，还主动筹划、组织、训练军队，决心择机实施有效的反击。为了配合军事行动的有效开展，朝廷在长城沿边地区大力兴办军屯，以解决军需物资的供应问题。不过，隋在北方边镇的屯田规模比较小，尚未形成系统，但还是部分解决了当地戍守大军的粮草问题，同时也免除了内地民众跋山涉水的转输之劳，取得了明显、实用的效果。

唐武德元年（618年），内忧与边患都未停息，师旅战事屡屡发生，军粮需求大增，军需保障不济。朝廷顺应时代大势，一方面关注民意，倡导轻徭薄赋，逐步恢复农田；另一方面，也大力开展士卒屯田，使得长城沿边地区的军屯生产能够全面展开。从管理机构来看，唐中央的尚书省是军屯事务的最高裁决者，而监察御史也有权随时监管诸道的军屯事务，工部下属的屯田郎中则具体掌管全国各地的屯田事项，包括与军屯相关的细小事宜。唐时屯田的土地来源主要是荒闲的边地，或者是通过战争手段夺取的敌方土地。诸州镇军屯一般以 50 顷为一屯，下设屯官和屯副进行层级化的有效管理。每名屯田士兵分给田地 10 亩，收成按五五分。后来由于安史之乱，致使河西、陇右广大地区落入吐蕃控制之下，西北方面的军屯也随之萎缩，逐渐衰败，再加上河北、山西等地藩镇抗命，使原有的军屯制度基本上名存实亡，这样随着长城沿线的军屯地亩数量大幅减少，效果也大不如前。

北宋时期，国家处于宋、辽、西夏等多个政权并存状态。宋代边地始终不宁。为了抵御契丹、党项等部族的劫掠、骚扰，保障戍边士兵的基本生活，北宋政权在长城沿边区域，展开了大规模的军事屯田活动。军屯的土地主要来源是官田和职田。其中官田包括无主荒地、闲田、空闲牧地等，职田主要是经官府买进的一些土地。屯田事务由中央工部下的屯田部门负责组织管理，下设屯田郎中和员外郎各一人，分别掌管屯田的相关事务。该制度延展到地方，便在州军设屯田司，或责成相关人员进行管理，官员名称为屯田使。这一级别的官员多由各州军的长吏或转运使兼任，负责屯田的具体事务。屯田的劳动者主要为禁军、厢军和弓箭手一类的乡兵，其中，弓箭手居于屯田的主导。弓箭手屯田，一般分田 2 顷，最初并不征收田租，后来在新招募的弓箭手屯田中按五五分

成征收田租，兼顾各方利益。

辽立国初期，战事频繁。当时军队的给养，依照惯例基本上靠自身随时随地掠夺来的物资作保证。但比辽圣宗稍早些时，一些边地地区就已经有部分士卒开始实施屯田了。如在西北边远地区就有契丹、女真以及渤海、汉和其他部族参与屯田的记载。其中以契丹部族军为主，充当屯军进行有效的屯田活动。朝廷则专置沿边安抚屯田使一职，对沿边屯田进行管理。辽统和二十二年（1004 年），首置镇州建安军（今蒙古国布尔根省哈达桑东青托罗盖古城），选调诸部族 2 万余骑充当屯军进行屯田。到辽兴宗以后，长城沿边地区屯田数量又有所增加。辽重熙十三年（1044 年）时，由于丰州（今内蒙古呼和浩特东）一带的屯户负担过重，军屯开始出现衰退迹象。辽代后期，各种徭役叠加，加上邻族的侵扰，戍边屯户因负担过重而逃亡的现象变得常态化，出现了《辽史》上说的"有诏留屯，亡归者众"的局面。

金代为了抵御日渐兴起的蒙古人的进攻，在已认定的边境地区修筑了大量界壕形制的新长城。在一定时期内，金代的农业、手工业等得到迅速发展，但连年的征战，导致粮食以及制作生产工具的铁非常短缺，影响并制约了前方军队的作战实力。为了破解难题，保障漫长的长城线上戍边士卒的给养问题，朝廷实施了《金史·大宋本纪》上所言"委官劝督田作"，"分遣使者诸路劝农"。"劝农"的目的当然是要确保军需供给。金天辅五年（1121 年），分拨人员在泰州（今吉林洮安东北城四家子）开展了猛安谋克军屯的屯田种植，因而缓解了边境戍守士卒的补给困难。随后，该制度更是在新、旧长城沿线上大规模地推广、展

长城沿边屯田系统 / 董旭明摄

开。所谓猛安谋克军屯，即在金代遵循按户授田的原则，所屯地块由屯田户自己进行屯种。后来，因多种原因导致的贫富悬殊问题突出，从金大定二十二年（1182年）后，又开始依据土地、牛具、奴婢的数量将猛安谋克屯田户分为上、中、下三个等级进行管理，以示区别。金泰和四年（1204年），又增订了"屯田法"，规定每一丁按40亩来分拨屯地，一年中分拨屯地一般距离不超过5千米，且须本人进行耕种，不得进行租赁和买卖。若个别所分拨的屯地距离超过5千米的，则允许屯户自行租赁或与其他人分种。

元代的军屯主要由军户来承担，统一由中央的枢密院和地方行省的

行枢密院统领。屯军万户设府，下领若干屯，以屯为基层的基本单位，直接管理若干士卒进行屯种。拨付给军屯的土地，大半是空闲田地、无主荒田，或者是被官军攻占后的"贼巢地"，也包括官田、没官田、诸王所占夺田等。每名屯田士卒大约耕地50亩，亦有多至2顷或5顷不等的情况。其他的如耕牛及农具、种子等均由官府供给。

明朝建国之初，随时面临着防御北元蒙古部族侵扰的困局，而其他多地残余的敌对势力也不时尝试扰边、劫掠的冒险。长城防御地区需要大量的源源不断的军力、物资，所以军屯作为一种制度被确定并推广开来。据《明会要·兵二·屯田卒》记载：朱元璋下令屯田，洪武二十一年（1388年）"命五军都督府更定屯田法，凡卫所系冲要都卫，及王府护卫军士，以十之五屯田，余卫所以五之四"屯田。待到中原安定下来以后，明王朝因暂无战事，使得有计划地军屯成为可能。于是《明实录》上记载"命天下卫所军卒，自今以十之七屯种，十之三城守，务尽力开垦，以足军食"。北部的九镇重点戍防区，从事屯种的官兵人数最多，垦殖的范围也最广。在大规模修建长城的同时，明朝从长城九镇最东边的辽东直到最西边的甘肃，都大兴军屯。驻守在8 800多千米长城沿线的上百万军队，亦农亦兵，一边耕种田地，一边戍守边防，实现了通过屯田以自给军饷的目的。

众所周知，明朝在长城沿线实行的是都、司、卫、所管理制度，既有武将指挥体系，也有文臣管理体系，另外还有监军系列，权力分属、层级分明。边镇戍防区下设都指挥使司，下辖若干个卫，卫的长官为指挥使。卫之下设千户长官，千户之下又分设百户。各省负责统领卫、所的都指挥使司，直接归中央的五军都督府管辖。明朝军屯的戍卒都另立户籍，叫军户。戍边军户实行世代承袭制，永世不得脱籍。明长城"九镇"卫、所的军队，一般是 30% 负责长城的戍守巡视，70% 负责屯田生产。可见当时对屯田的重视程度。在战乱频发、军情紧张的地方，也有戍守和屯田人员按各 50% 的比例分配的。卫、所按月给戍守军士发放官饷性质的粮物，而屯田军士的粮饷则按戍守军士粮饷的半数发放。负责屯田的军士，必须按规定的数额交纳税粮，以充军粮。这就为守边军队长期戍守长城沿线提供了坚实的物质基础，既解决了军队的口粮等军需供应问题，同时又开垦了大量闲田荒地，最大限度地减轻了民众的劳役和赋税负担。看来明太祖朱元璋所谓的"养兵百万，不费百姓一粒米"并非夸大之词。军屯还极大地促进了北部边疆地区社会经济的繁荣与发展。据文献记载，明朝中后期，长城内外沿边的蒙古草原地带，不仅羊马遍野，而且还进一步发展起了农耕经济。《北虏风俗》上说："观诸夷耕种，与我塞下不甚相远，其耕具有牛、有犁，其种子有麦、有谷、有豆、有黍。"当瓜、瓠、茄、芥、葱、韭之类农产品与粮食一应俱全，区域内的人自然安居乐业了。但是这种对于长城的修建、戍守起到过重要保障作用的屯田，随着荒废程度的逐渐加剧也发生了变化。明代中叶以后，竟然出现了"屯之存者，十无一二"的状况。到明代后期，戍边的粮食等后勤供给就全靠中央财政的拨付了，而很多地方的军屯耕地和军户，也逐步衍化成了一些军官或地方官员的私有财产。但军屯作为戍边军队筹粮、养兵的一种手段或制度，还是一直沿用下来。

三、烽传系统

　　长城和烽火是关联性比较强的两个词。长城军事防御系统中不能缺少军事情报的获得与传递这一环。所谓烽传系统是古代长城防御中以烽火传递为主要方式和方法的讯息传递系统。烽燧是一种古老而实用的军事信息传递设施。许慎在《说文解字》中说："烽，候表也，燧，塞上亭，守烽火者也。"[1] 由此可知，烽、燧是指边塞专为施放烟火等信号、传递军情而建立的设施。通常它是利用烟火与声音的递接形式来传播信息的，是一定发展时期所能建立和采用的一种远距离传递军事情报的通信系统。它既能够迅速、准确地通报敌情，也能够远距离调动、指挥军队，还可以协调上下级及邻近戍边人员的关系，以使各个方面步调一致、统一行动。我们可以从现代军人听到冲锋号后勇敢向前、无畏牺牲的雄姿中得到启示，仿佛古代长城线上点燃烽火警报，随后从长城城堡中跑出一队士兵，登上城墙或敌楼准备迎战正在临近的敌人，又仿佛从远处驰骋而来的游牧军队，正在冲锋号角的声浪中被指引，冲击着长城防线……这些在想象中还原的古代战争场景，部分诠释了长城烽火传递系统的功能和作用。

　　历史上周幽王烽火戏诸侯的故事，可谓妇孺皆知。这个传说故事说明，中国古代的烽燧、烽火最迟是在西周时期已经正式用于军事警备与信息传递了。从那时起一直使用了长达 2 000 多年的时间，只是到了 20

1　[汉]许慎著：《说文解字》，北京：中华书局（影印）1979 年版，第 210 页。

世纪，现代科学技术的出现，通信手段和方法发生了巨大的变化，这种类似于现代旗语的通信传递手段才最终完成其历史使命，逐渐退出了人们的视野。也就是说烽火台的产生早于长城，但自长城出现后，烽火台便与长城密切地结为一体，成为体现长城防御体系功能的一个重要组成部分。烽火台在汉代称作烽堠、亭燧，而唐宋时称作烽台，到了明代则习惯性地称作烟墩或墩台。所谓烽火，简单地说就是遇有敌情，白天燃烟，夜晚点火，以之传递警讯。但是，如何传递准确而翔实的敌情信息，则是一门类似今天的军舰旗语所具有的特殊规定的复杂技术。在古代这种传递多种军情信息的方法十分迅速，可以说是一种极为古老但却行之有效的便捷"电报"。至于烽火台的建制和使用，因为不同的历史时期而各有不同的规定和表现。诸如来犯的敌兵有多少、燃几道烟、点多少火之类，其中数目的多少、点火的方式等都不一样，甚至同一个时期有的防区与临近的防区也不同，各自还有自定的传报方法。到了明朝，在长城防御的鼎盛期，除了规定燃烟、举火数目之外，同时还要加放炮声，以增强报警的效果，准确传递翔实信息。

在历史上，早在战国时期，烽火作为军事信息传递已得到了广泛的运用。《史记·魏公子列传》记载，魏国"公子与魏王博，而北境传举烽，言'赵寇至，且入界'"[1]。秦汉时期，烽火使用得更加广泛，而关于汉代烽火传递的古文献记载也逐渐丰富。如《史记·司马相如列传》载："夫边郡之士，闻烽举燧燔，皆摄弓而驰，荷兵而走，流汗相属，

---

1 ［汉］司马迁：《史记·魏公子列传》，郑州：中州古籍出版社 1994 年版，第 710 页。

长城烽传系统 / 董旭明摄

唯恐居后，触白刃，冒流矢，义不反顾，计不旋踵，人怀怒心，如报私仇。"[1] 在居延遗址所获汉简《塞上烽火品约》记载："匈奴人即入塞，千骑以上，举烽，燔二积薪，其攻亭鄣坞壁田舍，举烽，燔三积薪。"[2] 而贾谊在《治安策》中也谈到过长城地区的严峻形势："今西边北边之

1　〔汉〕司马迁：《史记·司马相如列传》，郑州：中州古籍出版社1994年版，第913页。
2　薛英群：《居延汉简论》，兰州：甘肃教育出版社2023年版，第461页。

郡，虽有长爵不轻得复，五尺以上不轻得息，斥候望烽燧不得卧，将吏被介胄而睡，臣故曰一方病矣。"文中说军情紧张的时候，负责瞭望和负责通过烽燧传递军事信息的人始终不能睡觉，军士都是穿着盔甲睡觉，足见烽火传递的频繁，其作用不可小觑。

烽火传递制度在古代军事领域一直在发挥作用，历经改进，一直延续到明清时期。

汉代的烽火制度，在历史上处于承上启下阶段，堪称异常发达的时期，表现为不仅其烽、墩的建筑规模大、建筑数量多，而且利用烽火传递信号已成常态。当时白天用各种张挂物系在长杆上传递信息，夜间则点燃易燃的柴草，以火光传递军情。所以这些被称作"烽燧"的汉代墩或台，既要讲究选址的科学、合理，也要注重有一定的高度及坚固性、实用性。汉代的烽台又称为亭燧，每一亭驻有若干的戍卒，并设有燧长管理。而在一定的区段之间又建有一座小城堡和较大的烽台，可以容住较多的人员，一般称其为鄣，并设有候官，而位列其附近的亭燧，统属于候官指挥。漫长戍防线上的若干的候官，又统属于更高一级的军事指挥都尉。由于汉代的长城防御线拉得比较长，所以分设有很多的都尉。据文献资料显示，仅敦煌郡就设有阳关、玉门、中部、宜乐四个都尉。都尉居住在更大一些的城堡之中。从建筑布局上看，汉代烽燧有的建筑在城墙内侧，距墙 3～5 米，有的则直接建在墙体上，和城墙连为一体。关于烽燧间距离，当地民间有"五里一小墩、十里一大墩"的说法，根据实地考察发现并非如此。古人建筑烽燧是根据其军事位置以及安全程度而定的，一般在地形开阔，首当其冲的地方就密集些，500～1 000

米修建一座；而在有河流、沙漠等可以天然为障的地方就稀疏些，远的约间隔5千米一座。汉代烽燧的建筑结构，一种是同城墙一样全部用黄土加砾石夯筑而成。依据现存剖面推测具体做法大致是：采用戈壁上荒漠盛产的红柳或胡杨等植物垫基，厚在0.5米以下，其间也有铺夹芦苇的，再用捆成直径约0.2米的芦苇挡住四面，并用苇绳拴牢，然后在中间逐层填入黄土夯实，一层叠加一层地夯筑至顶部。另一种结构相对经济些，在符合就地取材原则的地方，全部由当地的石块垒成。当然最常见的还是用黄土坯砌筑而成的形式，所用土坯一般长0.4米、宽0.2米、厚0.15米左右。烽燧的建筑高度一般达5米以上，有的高达10多米。当时登台上顶的方式并不一致，有的是架设木梯或用柔性绳梯，也有的用土坯砌成阶梯到顶。

关于烽燧报警的具体方式，文献记载的并不详尽。但自20世纪初从汉长城沿线发掘出汉简以后，经过一些专家学者的辨识和反复研究，已经在一些问题上取得了突破、达成了共识。特别是近些年在居延遗址考古发掘中，又相继出土了很多关于烽火、烽号内容记载的汉简之后，对相关问题的研究又有了不少新突破、新成果。比如，过去一直普遍认为，昼燃烟传警为燧，夜以火传警为烽。但从出土的汉简牍中可知，当时的情况并非完全如此。根据居延塞的《塞上烽火品约》记载，目前可知汉代用于报警和传递军情的烽火信号大致分为五类，分别为烽、表、烟、苣火、积薪。其中"烽"在汉代根本不是或不全是我们依据《说文解字》的解释而望文生义的理解——古代边防传递警讯的燃烧之物，而是用草类植物编织或用木料做框，蒙裹上白布挂出来报警用的信号；"表"

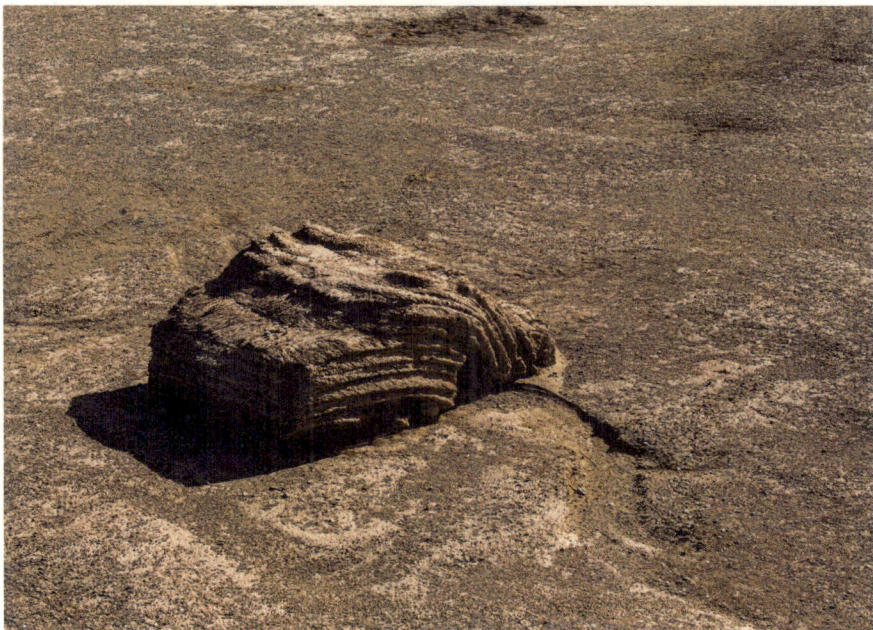

甘肃省敦煌市汉长城积薪 / 董旭明摄

是由树枝和布帛织物、毛皮等做成的旗帜，有圆形、方形、三角形等不同形状；"烟"是在烽台底下烟灶所燃，通过高出烽台顶部的烟囱所升起的烟柱作为报警的信号。以上三种烽号全部用于白天使用。"苣火"是举燃芦苇束做成的火把，主要用于夜间传递军情、警讯；"积薪"则为堆在烽燧之外的巨大草垛，为重兵压境时所专用。昼燃视其浓烟，夜燃观其火光。以上五种烽号所代表的内容及其使用方法还另有一些"细则"性的规定，汉简称这样的规定为品约。这样一套严密的以燃燧、举烽或举表的次数等来表示来犯敌人的远近、多少以及军情缓急的烽传制度，开始于战国，形成于秦汉，而最终完善于明朝。

烽火并不完全用于示警，有时也用来传报平安。如唐代杜佑《通

典·守拒法》中记载规定，每天早晚在规定时间烽火台都要"举一火"以报平安，"如每晨及夜，平安火不来，即烽子为贼所捉"。此外，唐代还特别规定了烽火台的修建距离，三座烽火台之间要互相能看得见，以确保信息传递准确无误。在汉代，烽火台除了传递军情之外，还要用来保护来往使节的安全，并提供食宿、马匹、粮秣。所以在某些地段，密集、连线的烽火台建筑甚至取代了长城城墙。烽燧或烽堠有戍卒驻守，称作"燧卒"，一般4～30人不等，设有燧长或堠长统领。汉代河西地区长城上的烽燧，位置多处于边境交通要道上，故守燧的吏卒还兼管收受、发送邮书，并负责对过往行人的盘查等事宜。这些地方长城沿线的烽堠亭燧，实际上也承担着内地邮递驿传的任务。汉代以后烽火传递系统在不同朝代的长城防御中依然发挥着作用。

到明代，烽火台的称谓因为时间、地点不同乃至戍守人员有别而多起来，有烽堠、墩堠、烟墩、墩台等。随着时间的演进，墩台的建筑样式、使用方法及手段也发生了一些变化。该时期烽火台大多被空心敌台替代，以砖石砌成，点烽时还常加一些硫黄、硝石等助燃材料。另外，有些地段在长城防御传递军事情报时，还额外使用了火炮。明朝长城警报如何告知来犯敌人的人数，在长城报警施放烽烟的同时还鸣炮，具体又是如何安排的，这方面的文献记载因涉及军事机密不太详细，但有具体、细化的规定。比如明成化二年（1466年）时是这样规定的：敌兵百人左右举放一烟一炮，五百人二烟二炮，千人以上三烟三炮，五千人以上四烟四炮，万人以上五烟五炮。戚继光调任蓟（州）镇总兵之后，规定使用长城上新式的空心敌台替代部分原有的烽火台，还制定了传烽之法并编成通俗顺口的《传烽歌》，让守台官兵背诵、熟记、使用。这样下来，传递的军事信息就更加准确了。戚继光在《练兵实纪》中这样记载："自古守边，不过远斥候，谨烽火。蓟（州）镇以险可恃，烽火不修久矣。缘军马战守应援，素未练习分派，故视烽火为无用。今该议拟呈会督抚参酌裁订。凡无空心台之处，即以原墩充之，有空心台所，相近百步之内者，俱以空心台充墩。大约相去一二里，梆鼓相闻为一墩。"显然，"梆鼓相闻"中的"梆""鼓"也是当时军情传递选择的工具和方式。经过严格训练，负责传烽的守军能以烽火或声响等迅速准确地传递军情，一般三个时辰就可传遍1 000多千米的整个蓟（州）镇防线。

关于烽火的使用，汉代也作了许多细致的规定。比如，如果匈奴人大举进攻围困住了烽火台，已来不及下去点燃柴堆报警时，白天则举亭上的蓬子，夜间则举"离合苣火"。这说明"离合苣火"是备用的辅助手段，是在"虏守亭障"的紧急情况下使用的特殊"旗语"，具体方法是用几把点燃后的火炬一会儿分离、一会儿合拢的形式传递情报。另外还规定了在特殊环境下，如被围困的烽火台不能按约定点燃烽火时，距离最近的另一座烽火台应按规定照常举火燃薪，负责把信号准确传递出去。在传递过程中，如果发现所报送的信号有误，则应立即"灭火"，取消所发的信号加以补救。事后还要写成书面报告，迅速传报都尉府解释、说明。如果是因为天气恶劣，或烽火台相隔过远等原因，导致"昼不见烟，夜不见火"的情况发生，也应立即将军情写成书面报告，派人火速报送上级。而这些传递的过程也有名称和说法。在汉代的烽火传递系统中，将从上一座烽燧接收烽火信号称为"受烽"，而正常接收到

山西省忻州市老牛湾段明长城火路墩 / 方志强摄

信号称为"和受"；如果接收信号发生错误则称为"误和"；在接收烽火信号后，若还要继续向下传递称为"付烽"。所以在烽火传递的过程中，不论是"受"还是"付"，都有可能发生差错、失误，自然也规定了补救措施。传递中间相隔的距离越长或使用的烽燧越多，传递过程中出现错误的概率也就越大。如何尽量减少传递环节是降低"误和"率的关键。目前关于烽火信号传递的研究工作尚待拓展和深入，由于烽火传递制度涉及一定时期的军事机密，在出现何种敌情的状况下"举烽""放烽"多少，都不能对外泄露，所以有关烽火传递制度的具体内容、详尽规定在历代文献中完整保存下来的极少。从基础上说，烽火台的选址一般都选择建在视野较为开阔的地方，数量则往往依地形山势和可视距离的远近而定。为保障信息传递的畅通无阻、万无一失，在戍防区长城沿线及其延伸地区，通常建有"互补"性质的数条烽火台系列，并承担着不同的信息传递任务。假设前面一旦发现敌情，就可以通过不同的烽火传递系列和路径，准确、快速地向上级及相邻防区传递出信息，以便尽快做好各项迎敌准备。

四、驿递系统

驿递，就是在主要的水陆交通线上，每隔一定的距离就修置一所驿舍，并在其中准备食宿及交通工具，以接力形式安全准确地传递军政公文。驿递是传达国家意志和政策的军政通信的主要渠道，自然得到历代统治者的广泛重视。清初思想家王夫之《噩梦》中认为，"驿递者，国之脉络，不容壅滞也"。长城戍防区域内的驿递设施和机构，虽然出现时间较早，但却是随着长城的修筑而进一步发展、完善起来的。其间随着长城戍防区域的不断扩大，交通、驿递也逐步地发展和扩大，进而成为长城防御体系中的重要组成部分。历代王朝在长城区域内各主要防御方向的确定上，意见基本一致，即以西北、东北和与草原接壤的北部边境线为主，在戍防区域内大力建设交通道路，广设驿站，修建驿舍，以利于相关军事活动的便捷展开，这对巩固北部边疆安全起到了至关重要的作用。

从起源上说，驿递活动始于西周，并逐渐形成制度。当时设有"遗人""野庐氏"等官职主持其事，修建了通往四方的道路。而驿递的方法是，由驿站系统一站一站地转运传递。到春秋战国时期，驿递逐步发展到"北通燕蓟，南通楚吴，西抵关中，东达齐鲁"的规模，形成了贯穿东西、南北的两条全域性的交通网络，其中东西之路主要位于北方的长城区域。驿站多设在交通要道上，驿站之间的距离，一般在 15～25 千米。秦始皇灭掉六国后，势力强盛，疆域扩大，权力集中。为了有效地统治新扩的土地，保卫重新划定的国防线，以便战时迅速集中必要的兵力，做出恰当的反应，就必须建立良好的道路及通信网络。因而，除了修建长城防线外，秦国还动用了大量的劳力，兴建了工程量不亚于长城的另一项军事工程——"驰道"。据文献资料记载，秦"驰道"首先修筑了从咸阳通往北部边防和各地的交通干线。第一条"驰道"即是通往北部边防的北地郡和陇西郡的，随后又修了另外三条"驰道"，大致贯通了长城环绕的整个北部和东北部边防区域。由于受劳动工具和地形地理条件的限制，所修筑的"驰道"迂回曲折，留下了进一步改善、提升道路交通条件的可能。秦始皇帝三十五年（前 212 年）至三十七年（前 210 年），他又下令蒙恬统领修建从当时战略主要方向的九原（今内蒙古包头西）直到国都咸阳的一条全长 700 千米的"直道"（又称秦直道）。这后来成为秦代道路网的主干，同时也是驿递的主要通经道路。秦代的驿站也是按 15 千米一传、5 千米一亭的建制设置。按秦朝律法规定，亭应及时负责驿递信使的传马给养、行人口粮及其他生活用品的供应。如若遇有特别重要的文书，规定由特殊的人员传送。为了保证途中不泄

内蒙古自治区鄂尔多斯市东胜区城梁城址附近秦直道 / 方志强摄

密，还制定若干相应的法律条文。如规定简书一般都在绳结处使用封泥，盖上玺、印、章[1]，以防途中私拆，同时还规定了文书的收发制度。这些表明，秦代的驿递通信制度已经达到规范化程度。

汉承秦制，长城驿递进入了快速发展的时期。西汉时设官与秦朝的职、爵、秩的区别略有不同，中央形成内朝的同时，地方官是分封的诸侯王国与郡县并存。汉代驿递机构设置统称为邮驿，细分为邮、亭、驿、传，具体划分为 2.5 千米设一邮，5 千米设一亭，15 千米设一驿（或传），所以驿和传级别大致相同。所不同的是二者使用工具有区别，传用车，驿则用马。整个驿递系统由州、郡、县三级负责管理，并根据邮递信件

---

1 秦时规定皇帝专用的玉石刻的叫玺，下属官员的叫印或章。

的轻重、缓急，细化规定信件的具体投递方式，分为"以邮行"——步递，或是"驰行"——快马急传来进行。汉代遇到特别紧急军情，使用一种叫"檄"的比较长的竹木简来传递。从出土的实物来看，檄是一种多面杆状的木简，上方有槽口，下端则尖细。如果檄文上插羽毛，也就是史书上记载的"羽檄"，就表明军情特别紧急，需要快速递送，进而有效发挥驿递的功能和作用。

唐代，邮驿的发展进入快速、完备期。在种类上分为陆驿、水驿和水陆兼办驿站三种，不仅组织完整、制度周密，而且畅通的规模、范围遍及各地。唐代驿递形成了以都城长安为中心，有七条重要通道的放射状驿道，其中有三条驿道直接与长城区域相联系，以保证中央的政令一经发出，短时间内就可以到达包括长城沿线的全国各地。当时驿递系统由兵部下属的驾部专门管理。据文献记载，唐代全国有陆驿 1 297 所，水驿 260 所，水陆兼办的 86 所。它们又按各驿的作用大小区分成七个等级，并配备不同的人员、马匹等。为保障驿递系统的安全、稳定，朝廷向每个驿所拨给不同数量的驿田，以保证驿递人员生活无忧。据文献显示，当时全国从事驿递的人员有 21 413 人。而唐代长城区域的驿递机构，因地点、道路等的差异而各有不同的名称和特点，总体保障了驿递活动的正常开支和运行。

宋代边地战事不断，这对驿递中军事通信的速率及准确度提出了相当高的要求。为了确保战时的需要，宋于建隆二年（961 年）决定将驿递系统和机构，全部收由军事首脑机关枢密院掌握，而驿夫由士兵充任，将全国的驿递系统都纳入军队管理序列之中。宋代长城区域的驿递（邮递），大致分为步递和马递两种。步递用于一般文书的传递，是接力步行的传递；马递用于传送紧急文书，使用马匹等工具，速度较快。从北宋开始，在原有驿递系统的基础上专门设立了一种军邮快递，叫"急递铺"也称"急脚递"。"急递铺"的速度最快，每天可行 200 千米。但这种驿递只限于传递军机大事类的情报，后来北宋又创设了金字牌"急脚递"，所谓金字牌"急脚递"，一天可传递 250 千米的路程，且每名驿夫所携带的金字牌上刻有"御前文字，不得入铺"八个字，只能一站一站地飞马接力传递，不能持牌入驿站休息和停留。

元代，疆域十分广阔。为适应统治广大区域的需要，统治者效仿中原政权的驿递制度，在驿递（邮递）方面进行了积极的改革，把驿路范围大大扩展开来。元代的驿路主要分为三种：一称帖里干道（蒙古语意为车道）；二称木怜道（蒙古语为马道）；三是纳怜道（蒙古语意为小道）。帖里干道和木怜道，多用于岭北和上都、大都间的邮驿事项，而纳怜道仅用于西北方面的军务驿传。《元史·兵志》记载，为使驿递畅通，元代还特别制定了"站赤"制度和组织。所谓"站赤"是"驿传之译名也。盖以通达边情，布宣号令，古人所谓邮而传命，未有重于此者焉"。元代的"站赤"在中书省、通政院和兵部的管理下运行，是一种庞大而严密的驿递组织系统。从架构上看，它包括陆站、水站等驿站的管理，驿官、站户的职责确认，驿站的马、牛、驴、车、轿、船等设备的配置以及对站户的赋税征收制度等。由于元代长城区域的驿递站点星罗棋布，产生了朝令夕至的效果。据文献记载，驿递速度曾创造过日行 400 千米的最高纪录，很好地发挥了驿递的上传下达作用，也加强了上

层和地方之间的多种联系。

明代开国之初，由西到东，在与草原荒漠接壤的北部漫长边境线上，始终面临北元势力的种种挑战，所以明代自然也十分重视长城戍防区域内道路的修建，亦即驿站的安全、驿路的通畅问题。当时朝廷在原有驿递基本设施建设的基础上，大力扩建新的道路和驿站，延长或新辟长城交通线路，使整个长城戍防区内的驿递更完备、快捷，实现了"自京师达于四方"。运行中水马驿、递运所与急递铺三大驿递机构紧密结合、互为补充、提高效率。此外，驿站下还设有铺、亭、台等下属设置，有的还建有递运所。明代在驿路上一般每 30 千米或 40 千米设置一驿，每驿配备驿马 30 ～ 80 匹不等；水驿则配备不同规格的船只若干。急递铺专门负责朝廷的公文递送，其要求是在任何时候都必须做到安全、快速地送达。每条驿路上的城、所、站均根据驻扎兵员的多少修建坚固、实用的防御工事，并在城防设施附近建有站台。考虑到形势需要，当时在北方长城沿线，还专门修置了九边地区的驿路，以备军事之需。这也使得北部边疆的戍防交通同步有了很大的发展。资料显示，明代从辽东通往东北各地区有六条主要的交通干线，其中开原是六条干线的起始点。这些干线，东至今朝鲜，西达今内蒙古，东北可抵达奴尔干都指挥使司治所附近的满泾站（今俄罗斯境内阿姆贡河口北侧莽阿臣屯），西北则通向满洲里以北，可以说组成了四通八达的交通网、驿传网。明朝政府为了保障辽东都司和奴尔干都司的多种联系及交通运输，在松花江、黑龙江下游沿线还建立了满泾、别儿真、弗多河等 45 个不同名称的驿站。到明万历二十四年（1596 年），西宁卫兵备按察使刘敏宽，为加强管辖区域的防御，动工增修平戎城，修筑敌楼 13 座，并疏浚了城壕，设防守官兵 141 名。同时，为了方便信息传递的快捷、准确，在设立马驿之外，西宁卫还相应设置了 14 个急递铺。

在一定的历史语境中，驿递所使用的凭证统称邮符。驿路上凡需要向驿站要车、要马、要人等运送公文和物品，都需要出示并验证驿递者的邮符。一般官府所使用的邮符称为勘合，而兵部使用的邮符则称为火牌（火票）。无论使用勘合或火牌哪一种邮符，每个时期都有极为严格的规定。如果遇有特定驿递任务需要过境的，还要指派或加派士兵护送。正如前文所述，遇有紧急马递公文，都要加兵部的火票标识，沿途各驿站按火票的要求紧急接、传、递送。如果公文火票上还有另外标写的公文等级马上飞递，那么传递速度就要日行三百里（150 千米）。如果紧急公文火票标明的是四百里（200 千米）、五百里（250 千米）或六百里（300千米），那么驿站就必须按要求的时间昼夜兼程送达。为确保驿路的畅通无阻，明代在各驿站之间一般都设有烽火台，以便眺望、报信，保障安全、通畅。明代辽东的交通驿路，主要是为军事防御服务。资料显示，辽东镇二十五卫皆设有交通驿路，沿驿路每相距 15 ~ 30 千米建一座驿站或递运所、铺、亭、路台等防御设施，形成了一个线性、网状的传递系统，方便又快捷。

清代，长城附近的驿传、邮递分为铺递、驿递两种方式进行。铺递以铺夫、铺兵负责专门走递公文；驿递则以马匹为工具，除传送公文外，还兼有护送官物及官差的任务。在京师设置皇华驿，作为全国邮驿的管理部门。在机构方面，清代长城沿线附近的驿站，按驿、站、塘、台、

骟马城是嘉峪关外第一个交纳差马、以马易茶的茶马互市场所，也是丝绸之路上的一个军事要地和重要驿站 / 董旭明摄

所、铺等不同等级来设置，基本上是按道路的远近和地理位置的要冲或偏远等情况，适中而设。每个驿传点都备有夫役、马、驴、车、船等以供差遣的传报使用。清代长城沿线驿站的差事主要有四种：一曰大差，即接待、护送公出的要员和使臣；二曰紧差，即传递加急的重要的文报；三曰小差，即传送一般驿递的奏章及表册；四曰散差，即接待、悯劳恤死特许驰驿者等。由于陆路、水路的畅通，清代长城区域的驿传通信速度超过历代，当时驿站接力形式的马递一昼夜可行 300 ～ 400 千米的路程。到清代后期，原来制定并施行的严格的驿律逐渐失效，清政府开始引进西方的近代邮政制度，同时依靠铁路、汽船等近代交通工具和手段，来辅助并从事交通运输和情报传递，使得长城区域原有的驿递设施与功能逐渐减弱甚至消退。最终导致自隋以后一直隶属于兵部的驿传，至清

末后也变得无足轻重，逐渐让出了主角位置。之后，1913 年北洋政府正式下令裁撤驿站，全国只有在少数地处偏远的地方尚存，长城区域的驿站也就正式退出了历史舞台。

五、互市贸易系统

互市是在长城关口开设，使长城内与长城外有序进行贸易交流活动的市场。在历史上，因以茶叶交换或以现金收买马匹为主，所以习惯性地被叫作茶马互市。其实马市是马市，茶市是茶市，马市的发展历史相当悠久。作为中原王朝为安抚北方少数民族而专门开设的以金、帛、盐、茶等与少数民族游牧部落换取马匹的定期互市（场所），马市见证了我国历史上多民族友好交往、和平相处的光辉历程。汉代在长城边防区域设立关市，贸易活动项目即以牛马为主。到唐、宋、元等朝，也都开设马市，方便不同的中原政权与边疆少数民族游牧部落互通有无、进行贸易、发展经济。明代在长城戍防区域开设马市的时间和规模都较前代有很大发展，不仅名气和影响较大，而且对于巩固长城边境区域的安全和稳定作用明显。明代马市，有的开设于长城沿线的东端，如辽东马市；有的则开设于近邻京师的中部地段，如宣府、大同长城线上的宣、大马市；还有的开设于不同民族密切接壤甚至混居的区域，如中、西部榆林长城段的镇北台马市。

不同国家和民族间开设关市（马市）有着悠久的历史。文献记载，

在唐尧时期是以物易物的直接交换，即所谓"以所有易所无，以所工易所拙"[1]。之后，随着私有财产的出现，个人之间的互通有无性质的交换行为，渐渐占据优势。"日中为市，致天下之民，聚天下之货，交易而退，各得其所"[2]是对这种交易活动的一种表述。到了春秋时期，晋国就推行"轻关易道，通商宽农"[3]政策，在国与国交界处设卡、置吏，征收商税，开展贸易活动。据文献记载，到了秦汉时期，仅塞外雁门山北就发展有平城（大同北）、参合班氏（大同西）、武州（左云东）、善无（右玉）、中陵（右玉县威远）、平邑（大同县许堡）、高柳（阳高县西）、道人（阳高县东）、延陵（天镇县新平）、剧阳（怀仁市金沙滩）、新城（朔州沙河）、马邑（朔州城东）、娄烦（朔州梵王寺村）、繁峙（应县东）、崞（浑源县毕村）以及灵丘等20多座不同规模和大小的城市，可谓百里一郡，五十里一城，十分密集。而有城就有市，所谓"市"是人类最早进行物品交易活动的场所。当时一些交通和生活等相对发达的城市，吸引了许多有市场意识的大盐铁商、大子钱商、大贩运商，他们聚焦、集拢于"市"或其周边，发现并找寻发展的机会。历史上聂壹就是当时一位很有影响的贩卖牛马的大商人。他是山西马邑人，在汉武帝发动的诱歼匈奴的马邑之战中充当了一个很重要的角色，其事例也从另一个角度说明了马市的作用。西汉时期，朝廷通过和亲与匈奴建立起相对稳定的交往关系，同时也在一些特许的地方开通关市，主要

1　［汉］刘安等著，许匡一译注：《淮南子全译·齐俗训》，贵阳：贵州人民出版社1995年版，第606页。

2　徐子宏译注：《周易全译·系辞下》，贵阳：贵州人民出版社1991年版，第373页。

3　陈相生译注：《国语·晋语四·文公修内政纳襄王》，北京：中华书局2013年版，第411页。

是用丝绸、金属制品、粮食、酒和茶等商品，交换匈奴部族的马、牛、名贵毛皮及畜产品等。所以这一时期的关市，又称"绢马互市"，也有的称"榷场""马市"等。

到了唐代，伴随海陆交通的畅通，茶马互市可以直通俄罗斯等一些地方，回纥人开始驱马入朝市茶。据《大唐创业起居注》

明代互市 / 资料图片

载，突厥"送马千匹来太原交市，仍许遣兵送帝往西京，多少惟命。康鞘利将至，军司以兵起甲子之日，又符谶尚白，请建武王所执白旗，以示突厥。帝曰：'诛纣之旗，牧野临时所仗，永人西郊，无容预执，宜兼以绛，杂半续之。'诸军槊幡皆放此。营壁城垒，幡旗四合，赤白相映若花园。……帝曰：'彼马如羊，方来不已，吾恐尔辈不能买之。胡人贪利，无厌其欲，少买，且以见贫，示其非急于马。……'"此后的山西北部长城沿线一带时战时和，乱局纷呈，但无论时局怎么变化，总有一条定律，就是两国或不同势力间，务于分界处"置榷场，以通互市"。

当时唐朝朝廷与回鹘人开展的绢马互市，显示出以进贡和回赐为主要方式的特点。绢马互市密切了唐与回鹘的关系，自然也减少了边地纷争。在一定环境下，有时朝廷经常派"茶马御史"类的官员到边疆各地巡视，以实现国家对地方茶马贸易的控制。即使到了元朝，这一带的长城两边区域内也不忘采用各种手段、通过各种形式促进边贸互市。《元史·世祖本纪》载："是岁，命江浙转运司通管课程。集诸路僧四万于西京普恩寺（善化寺），作资戒会七日夜。"当时大同城人口不过三万人而已，忽必烈却下令招来四万余僧侣作法会，可谓空前绝后。其时，市贸盛况可想而知。据《海关通志》载，当时"北方诸国由内陆通商者，则以大同、宣府……各置市场"。

随着长城内外农耕民族与游牧民族间贸易的不断发展，关市开放的范围越来越广，规模和次数也更大、更多。茶马互市作为农耕民族和游牧民族互通有无、友好往来的场所，对长城内外的经济交流与发展，起到了积极重要的促进作用。《明史·食货志》上说："东有马市，西有茶市。"由此可知，当时马市与茶市是有区别的。由于茶市在开展贸易活动中也开始大量市马，所以后来的茶市也叫"茶马互市"。再后来，规范、僵化的官市逐渐被更灵活、更亲民的民市、小市所取代，到了清代以后马市、茶市也就分不太清楚了。因此，严格来讲，在溯源上广义的马市概念是清代以后才形成的，他们把马市与茶市合二为一的贸易（活动与场所），统称为"马市"或"茶马互市"。可以说不同朝代的马市对于促进农耕民族与游牧民族的经贸往来与感情交流，作出过不可磨灭的巨大贡献。

明代的马市，是明长城戍防沿线九镇区域内民族贸易的通称。它是在明代官府的管理、扶持下，日益繁盛，逐步由单一的马市发展为综合市场的。随着互市商品种类日益增多，一些地方成为当时空前规模的边贸口岸。为什么会有马市、茶市、茶马互市的不同名称呢？这些概念的特殊之处在于逻辑上的外延与内涵比较模糊。从狭义和广义的区分上说，就狭义而言，可分为马市和茶市两种。其中狭义的马市是明廷在北部边地设置的由明政府出面与少数民族进行官办贸易的场所，是明政府以货币及茶叶以外的农业物资和手工业产品向蒙古族、女真族等换取马匹的贸易。明代鼎盛时期的马市数量多达 11 处，且以东部辽东的马市为主。东部马市贸易对象是蒙古东部兀良哈部、海西女真部、建州女真部以及通过海西人做媒介进行间接贸易的"野人"女真部。而西部的马市又以大同、太原一带为主，即当时大同镇的得胜堡、新平堡、守口堡和太原镇的水泉营等四处，若加上早先曾开设过的猫儿庄马市和镇羌堡马市，场所共有 6 处。需要说明的是，这种马市不是以发展边贸为单一目的的，而是明廷在分析和权衡不同形势的利弊后，被迫对北方游牧民族所采取的一项十分重要的安抚政策，要解决的终极问题当然不完全是经济贸易问题，而是明朝政治、军事的安边政策问题。因其关系到明朝廷的生死存亡，正所谓是"于怀柔之中，寓羁縻之术"。就交易本身而言，明廷最感兴趣的商品当然是蒙古的马匹，而非皮毛及其他物品。而蒙古族最好的商品也是马匹，且货源充足。因此，马市这个对蒙、汉双方互市贸易的定义，无论是谁定名的，都说明了当时蒙古马对明代朝廷利益的重要。

　　严格地讲，茶市也是由明代朝廷所主持开设的，表现为在长城沿线及边疆区域开展的与甘、青、藏及川康地区藏族、撒拉族等进行的以茶换马的贸易。因为交易的主要商品是茶，所以叫茶市。此外，还因为这些民族有着"宁可一日无肉，不可一日无茶"的特殊需求，所以明王朝便以茶作为羁縻的筹码。据《明史》载，明万历五年（1577年），陕西巡按御史李时成上疏："番以茶为命，若房得，借以制番，番必转而从房，贻患匪细。"即推行的是"以茶易于番""以货市于边"的有针对、有区别的边防政策。《明神宗实录》记载了万历时巡按陕西御史傅元顺的话："近议西海丙兔开市，即以招番余茶用易北马，将使番人仰给于北，彼此势合，贻患匪细。"这也证明了当时朝廷对茶市、马市是区别对待的。直到隆庆六年（1572年），为了方便长城中部边镇戍防区内长城南北普通百姓的交易，边地在官市之外又开设了带有民间性质的民市，允许以茶易物，人谓之茶市。因为该时期茶市交易的商品大多为民众所需要的生产资料和生活用品，故统称为民市。但为了明确区分茶、马互市，各地的市场就只能分期分批开市。即马市（官市）开罢再开民市，并不允许马市和民市同时开市。可见，当时茶市、马市的区分是极明显、极严格的，所以在《明史》中也是分别记载的，并不能混为一谈。

　　明朝时，山西北部的大同、朔州等长城沿线地处晋蒙交界的边塞，是中原农耕民族与北方游牧民族的接壤地带，因而这里曾发生过千余次刀光剑影、硝烟弥漫的局部冲突。大同作为九边重镇，不仅战略地位高，而且军事部署严密，是战或和的关键节点。也正因此，明代山西马市最早开始于大同。据史料记载，大同马市开设于明正统三年（1438年），其开设的过程并不顺利，甚至有些艰难。明王朝在推翻元王朝后，加快恢复汉族统治，不断增强长城沿线的军事防御。而元王朝选择不战而退居草原漠北以后，政治和军事实力仍在，于是其不时机动调度，经常犯边、袭扰，时刻都想重主中原。为了消除北元王朝及其残余势力的威胁，朱元璋采用"以夏治夷"的方略。虽然这在一定程度上对北元势力有所削弱，却使汉、蒙冲突连年不断，旷日持久，从而导致民族关系日趋紧张。明王朝在大同、朔州、忻州长城地带的局部冲突中屡遭失败，于是便转换思路，有了"以攻为守"，退守大同、榆林一线的防御战略，并举倾国之力不断修建、加固长城，多措并举强化长城边防，进而形成对蒙古部落势力的威慑与削弱。明王朝千方百计地对蒙古部族进行数十年的政治瓦解、军事打击、经济封锁后，最终导致游牧民族对农耕民族依存关系的断裂。而由于受地理、环境等因素的影响，草原民众无法自行解决日常必需的生活物资供给问题。正如《万历武功录》上鞑靼部落首领俺答所言：蒙古部族不事农耕，不会纺织，不懂冶炼，"锅釜针线之具，缯絮米蘖之用，咸仰给汉"。而《明经世文编》记述："禁制我市买，使男无铧铲，女无针剪。"于是，汉、蒙间敌对意识日渐增多，矛盾日益尖锐。据王士琦《三云筹俎考》记载，此时大同北部长城沿线呈现"虏寇无岁不警，警无不至镇城下者"，从而导致城内军民"抵北门不敢出阙也"，严重影响了边防区民众的生产和生活。如何处理好靖边、安防，避免这一情景的恶性延续，明王朝正视现实状况，渐渐开始留意探索从双方经济联系入手，改善过去过于尖锐对立的矛盾状况。于是在蒙、汉双方接壤的长城边境地带，尝试进行互市，以呼应蒙古部族一再要求与

明王朝互市通贡的请求。先选定试点，在距离京师较远的开原南关、开原城东、广宁等三处开设马市，这也是明王朝正式设置马市的开始。开原，即今辽宁省开原市，属辽东镇管辖。广宁马市初设于广宁卫（今辽宁省北镇）的铁山，到永乐十年（1412 年）又移至城北 12.5 千米的团山堡。

明王朝在长城防御区开设马市，传递出蒙、汉和好的明确信号。山西大同顺势发展成为全国规模最大的马市场所。而山西其他多个府、州、县通过马市交易，逐渐成为当时北方地区颇有名气的商埠，出现了《五杂俎》上说的"九边如大同，其繁华富庶不下江南，而妇女之美丽，什物之精好，皆边塞之所无者"的景象，有的甚至堪称重要的开放型国际商业都会，相沿至今仍是冀、蒙商业的集散地，而且越来越发挥着中心辐射的作用。

大同马市较辽东马市开设时间要晚，并且开设过程更费周折。在大同长城防御区正式开设马市前，北方的瓦剌与中原地区的物资交换主要通过朝贡的方式进行。朝贡既可以使瓦剌从中原地区获取所需的生产、生活物资与财富，又可以由此提高其自身在北方民族部落间的威望和实力，因此他们十分热衷于得到明代朝廷的册封，并乐此不疲地长久把控着这种通贡特权。具体表现是他们经常派遣大批使臣，带着马、驼、皮货等物来都城朝贡，以换取明廷以赏赐名义赐予的钱币、彩绢、衣帽、靴袜，乃至金银首饰、乐器珍玩、书籍纸张、贵重药品等。同时，明朝廷还供应他们必要的车辆、秣料及贡使的交通盘缠。据《明英宗实录》载，仅正统期间，单大同一地，"往来接送及延住弥月，供牛羊三千余只，酒三千余坛，米麦一百余石，鸡鹅花果诸物，莫计其数"。一年供馈花

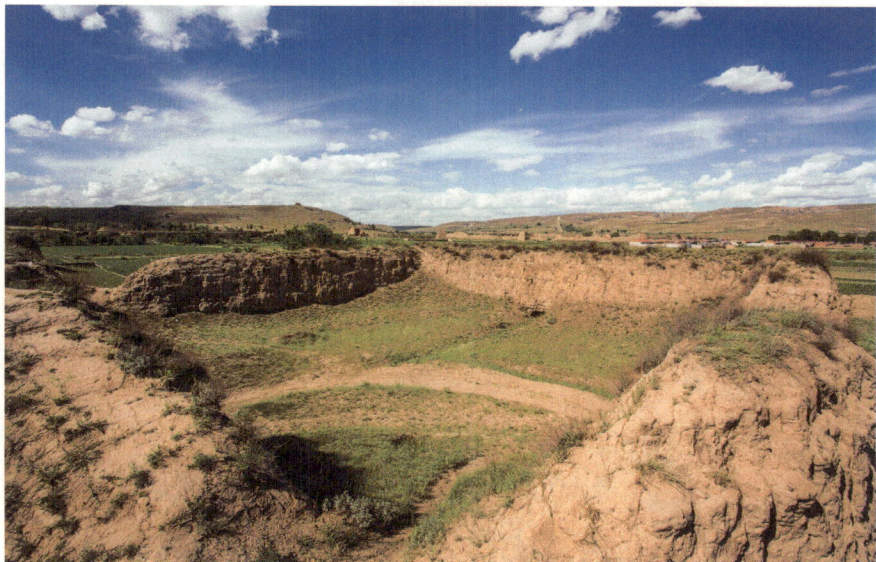

山西省大同市得胜堡马市——市场堡是蒙汉直接互市的场所 / 方志强摄

费的总费用高达三十余万两银子。随着瓦剌人不断获得实惠，蒙古部族派使臣朝贡的人数也急剧增加，动辄就是数千人的庞大队伍，而且往往是前一拨使臣尚未归去，后一拨使团又接踵而至。《明英宗实录》描述，贡使"络绎于道，驼马迭贡于延"，而《明史》上载，所索数额剧增，"金帛器服络绎载道"，使明王朝越来越感到难以应付。因为战事减少，原来漠南长城沿线的军事设施或内徙，或撤废，凭借武力强行限制经贸往来的条件已不复存在。正是为缓和这种日益紧张的摩擦，明朝廷才无奈选择允准在大同北疆猫儿庄开设马市并逐渐扩大和繁盛起来。明正统三年（1438 年）正月发生了这样一件事：当时蒙古瓦剌部脱欢使团带大量马匹、物品来朝，朝贡之后还剩下很多马匹，于是要求就地以马换物。针对这种情况，刑部尚书魏源建议援引辽东开原范例，于宣、大沿边设马市，另外，同时建立官府市场交易管理机构牙行。据《明实录》记载，开始，明英宗以"马市劳军民"为由，未准其奏。但事隔不久，右佥都御史、巡抚大同、宣府的卢睿又上书请立大同马市："庶远人驼马，军民得与平价交易，且遣达臣指挥李原等通其译语，禁货兵器、铜铁。"后来，明英宗根据当时蒙、汉双方的对峙情形，审时度势开通贡道，于这一年四月诏准依卢睿所奏于大同立（马）市。《明实录》对此记载："得奏，知瓦剌脱欢又遣人来朝，然虏情谲诈，不可不阿敕至尔即谕令正使三五人赴京，所贡马驼令人代送，其余使臣、从人俱留止大同，并脚力马给与刍粮，听其与民交易。"同时，大同参将石亨也向明英宗奏请"于官山设立界碑，令北虏往来使臣并来降者停止于此"。官山，在今内蒙古自治区卓资县域内的灰腾梁，猫儿庄在官山以南，距离长城防线尚有一定路程。可见，明朝立国 70 年后在大同北疆开设唯一一处

内蒙古自治区丰镇市隆盛庄镇猫儿庄墩 / 方志强摄

马市时，对蒙古族仍然存有一定的戒心，不敢放其深入。马市虽然规模不大，但并没有完全局限在官方，而是潜移默化地渐渐扩大到了民间。不过，瓦剌使臣除了进京朝贡者外，当时规定其余人等还只能留住猫儿庄参与民间交易。

正是由于贸易活动受到官方的严格管理和控制，私市又被明令禁止，所以马市交易始终不能为北方民族所满意，加之大战结束、小摩擦不断的明王朝，还没有恢复元气，在组织商队、货源上漏洞不少，往往是蒙古族人还有马，而中原汉族所带物品已无。面对马市这种无物可换的情况，日久天长，积怨渐深，挑衅事端频发。明正统十四年（1449年）二月，蒙古瓦剌部首领也先遣使 2 000 余人却诈称 3 000 人前来贡马，企图骗取明廷的赏赐，结果被宦官王振揭穿，遂减去马价五分之四。这就给了他栽赃明廷故意裁减马价的借口，于同年七月统率各部，兵分四路大举入侵，制造衅端。尤其进攻大同的这一路，《明史》上说，"兵锋锐甚，大同兵失利，塞外城堡，所至陷没"。大同前线战败的讯息不断传到北京，明英宗朱祁镇在王振的煽惑与挟持下决定带兵亲征，与瓦剌部在猫儿庄进行决战。结果由于组织不当，一切军政事务皆由王振一人专断，明军三万骑兵被"杀掠殆尽"，导致明英宗败退到土木堡后被俘获，从而制造了著名的"土木之变"，明朝随即关闭了已开设 11 年的大同马市。

明朝的官方马市关闭了，但长城防御区内蒙汉双方的供需矛盾并没有得到解决，民怨还没有平息，这就很难杜绝民间私下的贸易交往。长城内的官、军、商、民等常年假借送礼等各种名头，以各种手段将大量

铜铁、箭镞、彩缎、衣物等贩往塞外赚取利益，而瓦剌的贵胄、使臣等也不时利用身份和条件的便利，在长城沿边地带私买盔甲、刀箭、铜铳等兵器和其他生活物资。据《明英宗实录》记载，正统时，"在京口外官员军民人等，往往通诸匠作，私造军器等物，俟瓦剌使臣回归，于闲僻之处，私相交易，甚至将官给军器，俱卖出境，该管官司纵而不问。又所在头目，有将箭头贮于酒坛，弓张裹以他物，送与使臣"。直到景泰年间，这种走私性质的边禁活动仍屡禁不止。可以说马市不开，民市、私市却从未停歇。"远近商贾以铁货与虏交易，村市居民亦相率犯禁"；而边将士卒也颇多参与"以铁器易马"，"以斧得裘，铁得羊肘，钿耳坠得马尾，火石得羔皮"[1]的活动。

至明嘉靖年间，蒙古鞑靼部崛起。头领俺答为了改善本部落的生存条件，多次欲与明朝修好。一方面先后多次联络要求通关互市，另一方面俺答则怂恿部族参与各类私市活动。嘉靖二十年（1541年）俺答遣使求贡时提到："其父諤阿郎，在先朝常入贡，蒙赏赉，且许市易，汉达两利。"为实现目的，俺答一生采用多种手段，仅用兵发动袭扰、掠夺性的战争竟不下20余次。而大同总兵周尚文也借机"私使其部下与虏为市"进行谋利，其继任者仇鸾也极力赞成私市。一段时间里，边将、边兵、边民各类人员竞相与鞑靼部互市。在这种内外呼应的形势下，明嘉靖皇帝仍不肯松口答应，一概拒绝长城边关开设马市。于是俺答率部于嘉靖二十九年（1550年）八月，一改其过往主要从山西、陕西入边

1　［明］郑晓：《皇明北虏考》，见薄音湖、王雄编：《明代蒙古汉籍史料汇编》第1辑，第239页。

进犯的惯例，突然从北京古北口大举进犯，《明史》上记载，"逼通州、大掠密云、三河、昌平诸处。辛巳，进犯京师"。俺答大军一度已至安定门北教场口，明廷危急。为解困局，朝廷急召大同、河南、山东等地发兵救援。实际上俺答并未计划攻占京城，而是趁势再求"入贡"而已。结果，处境艰难的明王朝答应于嘉靖三十年（1551 年）三月"开市"，地点选在大同城北 40 千米的镇羌堡和宣府万全右卫西北 20 千米处的新开口堡。《明世宗实录》载，兵部建议"每年四次"，但大学士严嵩却认为"期密"而"费广"。明世宗诏准严嵩所奏，春、夏季镇羌堡开市，互市对象主要是俺答等部；夏、秋时新开口堡开市，互市对象主要是阿勒坦汗和土默特各鄂托克等部。然而《明实录·世宗实录》记述，开市不久，俺答又提出"富虏能以马易缎，贫者惟有牛羊，请易菽粟"。在明朝未答应的情况下，俺答便采用了在大同开市时扰宣府，而在宣府开市时扰大同的袭扰术，结果导致当年八月只开了 5 个月的马市再次关闭。闭市意味着对峙和战事，随后长城边关区域又是 20 多年互有胜负的乱战。然而最严厉的律例，最惨烈的战争，也未能断绝蒙、汉双方民众的沟通与交往。恰在明朝、蒙古双方都难破困局的关键时刻，发生了历史上称作"隆庆和议"（又称"隆庆议和"）的诱导性事件，影响了茶马互市的发展进程。

隆庆四年（1570 年）十月初九日，俺答之孙把汉那吉因愤其爷夺其妻，率下属阿力哥等 10 人、马 13 匹南奔大同镇败胡堡降明归汉。大同巡抚方逢时接受其投降并及时上报宣大总督王崇古，言称此"奇货"可居，建议对把汉那吉一行应以礼相待。同时认为，如《明史》所记"机

不可失也"，把汉那吉非同一般"拥众内附者可比，宜给官爵，丰馆饩，饰舆马，以示俺答"。王崇古赞赏方逢时的看法，将此事上疏朝廷，并提出向俺答索回叛国投蒙的刘全等人作为交换条件，力谏朝廷采取安抚政策，以便重新启动开放边禁、设立马市的朝议。此事得到了朝中内阁大臣高拱、张居正等人的积极支持，最后隆庆皇帝批准了这一建议，诏授把汉那吉指挥使官位，赐绯衣一袭，随行的阿力哥为正千户。俺答夫妻得知把汉那吉在边内安然无恙，还获得盛情款待、优厚封赏，并打算择时送回蒙古时大喜。于是，在隆庆四年（1570年）十一月派遣使臣与明代官员万户鲍崇德进行谈判，再次请求封贡互市。同年十二月初四日，以召开会议商量大事为由，在帐中擒缚白莲教教徒赵全、赵龙、李自馨、王廷辅、吕西川等九人，桎梏以献于明朝正法，愿定约称臣，提出不烧荒、不捣巢、通贡互市等多项要求。总督王崇古于隆庆五年（1571年）二月上《确议封贡事宜疏》，提请明廷准予封贡、互市的八条建议，得到了明廷恩准。准允于隆庆五年二月首先在大同得胜堡、新平堡和偏关水泉营堡重开马市，并规定得胜堡马市口互市酋长为东哨顺义王俺答，其妻封为忠顺夫人；新平堡市口互市酋长为黄台吉（俺答长子）及其部落。隆庆五年三月二十八日，明廷在大同得胜堡举行隆重授封仪式。明代瞿九思著的《万历武功录·俺答列传》对当时仪式的盛况有过记载。随后一段时间里，马市的交易数量令人欣喜，蒙、汉双方的边民各得其所。明隆庆六年（1572年），因扯力克与其父黄台吉不睦，纠合摆腰、兀慎等，拥兵长城塞口，要求与其父黄台吉分开，为他们在新平堡外另开马市。明王朝无奈，便将明嘉靖二十五年（1546年）修筑的阳和口堡，经过增修、加固以后重新开设为马市，互市的对象是扯力克、摆腰、兀慎、青巴都、五路、松木等台吉各部。"隆庆和议"带来了部分长城地带马市的平稳开展。既然禁边堵不住内地官员、商人明里暗里携带大量生活用品前往少数民族地区贩卖牟利，也挡不住一些戍边的官兵私下出售铜铁及火药类武器牟取暴利，更挡不住农耕民族与游牧民族以各种名目和形式的私下涉边交易，那么明王朝和蒙古部族趁机重开马市的理由自然就顺理成章了。

明王朝之所以首先在山西域内长城沿线地带选择在得胜堡、新平堡、水泉营堡和阳和口堡这四个地方开设马市，是经过深思熟虑、多方考量的。其一，这些长城防御区的地势险要，均为"鸡鸣一声闻三省"的边防重地，有利于应急处理。尤其是新平堡、守口堡和水泉营鸿门口，都是典型的"两山夹一川"要地，历来为兵家所必争，战略地位极其重要。新平堡北拒塞外，南接坦途；得胜堡虽没有"两山夹一川"的地形，但也是晋蒙交往史上重要的咽喉要道；鸿门口出行 50 千米距离，便是今内蒙古自治区清水河县、卓资县等中心地带。安抚、管控好这几处直接对应北方游牧势力的地方，无疑是控扼蒙古部族大战略的关键。其二，从古到今，历朝历代，这些地方都有建筑颇具规模并相对完备的军事设施，军事防御实力雄厚，有利于处理突发事件，防患于未然。据《新编天镇县志》载："早在公元前二百多年，赵国就在新平堡设置了'延陵邑'。"守口堡更是在明正统二年（1437 年）重新利用有利地形在高山顶上修筑了密集的墩台、森严的敌楼、坚固的墙体，号称"山西之肩背，神京之屏障"并不为虚。鸿门口，明宣德九年（1434 年）在太原

镇总兵李谦统领下，早就修建了大望台一座，下置铁栅大门，并筑有壕堑、暗道等三道防线，同时部署重兵防守。其三，开设马市的这几处地方，历来"民市""黑市"交易频繁，令行难止，且不同身份的人有着同样丰富的私下边贸经验。此外，就是上述所提及长城线上的地方土地肥沃，水资源相对丰富，是历史上小杂粮的理想种植产地。完全可以为蒙古部族提供充足、多样的杂粮商品，进而减少了从内地远途调运该类商品的烦琐与浪费，更有利于蒙、汉商人的现实需求。根据汉、蒙民众的强烈要求，明廷于隆庆六年（1572 年）除上述四大马市开设市口外，在山西区域内，又集中在大同以西增设了助马堡、宁虏堡、灭胡堡、杀胡堡、云石堡、迎恩堡六处市口，提高了长城内外边民的贸易深度与广度，增强了民族间的相互理解与交往。

明代的茶马互市本质上均为官办，受到汉王朝和蒙古及其他少数民族统治阶层严格的管理与控制，也始终带有十分明显的政治目的。正如明成祖所言："朝廷许其互市，亦是怀柔之仁也。"[1]因为马市、茶市交易的双方主要是或者只能是明廷与少数民族的领主，而且交易的主要形式比较单一，很难真正惠及广大农牧民及下层商人。无论是和平时期还是战争时段，在长城防御地带和边疆地区开设的茶马互市，都是作为控制蒙古等少数民族的手段，为配合具体的军事防御行动和措施而进行的。但不能否认的是，互市在推动和促进边防区域经贸发展以及民族大融合方面还是直接、间接地发挥了巨大作用。在此意义上，长城既保证

1　转引自罗一星：《明代广锅与辽东马市》，《中国社会经济史研究》2019 年第 1 期，第 1—10 页。

了农耕经济文化与游牧经济文化的各自正常发展，又为农耕经济文化和游牧经济文化之间的交流和互补提供了便利的场所和契机。

六、长城文化经济带

长城文化经济带这个概念本身是以长城为核心，对其他相关特征和要素经过抽绎、组合而重新形成的集合型认识。其主要特征是多元共生，基本要素包括："长城""长城文化""长城经济""长城带"。[1]先说第一个要素"长城"。长城习惯上又称万里长城，从东到西，横跨中国的东北、华北、西北15个省（自治区、直辖市）的404个县（市、区），不仅分布地域广阔、建筑时间长久，而且文化精神内涵丰富、影响力巨大，是最具民族文化特色的线性、带状、符号化的文化遗产。中国古代的帝王大多重视长城的修筑和利用，因为这样做既可以巩固王朝统治，又可以满足一定时期的社会经济发展的需要。一般说来，长城与其他军事防御工程的本质区别表现为两个方面：其一是长城军事防御体系的主体，由各式连绵不断的墙体所构成，这体现的是长城的"长"；其二是长城军事防御体系还兼有防御的纵深和配套组合特征，按特定结构由关隘、城堡、烽燧等与延绵的墙体相互联系，组合成体系化的有机整体。

在长城文化经济带这个概念中，长城的"文化"和"经济"要素，

1　董耀会：《长城文化经济带建设研究》，秦皇岛：燕山大学出版社2021年版，第3—16页。

必须结合"长城带"来阐释。所谓"长城带"亦可称长城地带，专指长城分布的地带。其作为一个文化地理区域概念，指呈带状分布的长城本体及其周边的文化分布地区。该概念肇始于20世纪初西方学者对于长城及其周边区域的考古、考察和探险活动。最早具体使用"长城地带"这一概念的是日本考古学家江上波夫与水野清一。1930年他们考察了内蒙古地区部分长城和锡林郭勒盟的几个旗后，于1935年合作出版了《内蒙古·长城地带》一书。之后，一些学者各自以"地带"的视角考察长城分布区域的自然、人文、社会之间的种种关系，提出了对"长城地带"概念的或文化学、或地理学、或民族学等多角度的理解。美国汉学家欧文·拉铁摩尔所著《中国的亚洲内陆边疆》一书中认为长城不是一个绝对的边界的"线"，而是一种"被历史的起伏推广而成的一个广阔的边缘地带"，这一地带的形成是自然、社会等多种因素综合作用的结果，进而深化并拓宽了对长城地带概念的认知。

20世纪70年代以后，中国学者在对长城本体和区域开展调查与研究工作的基础上，对于"长城"和"长城带"概念及其内涵的认识不断深入，开始把"长城带"作为一个以长城为主体的遗迹分布带提出并使用。有的学者从民族史、考古史或边疆史的角度并结合生态学理论对长城开展深入研究，指出在长城与游牧民族之间实际上存在着一条半农半牧的中间过渡地带。自20世纪90年代以来，伴随着学科研究领域的拓展与学科间交叉综合的深度碰触及相互影响，对"长城地带"或"长城带"概念的界定逐渐规范，其内涵也不断扩展和深化。学界对长城地带范围的划分及其界定普遍是：以长城本体为核心，沿长城走向，以北纬

40°线为轴心，南北跨度在北纬 38°～42° 间的地区。该地区行政区划上自东向西经内蒙古东南部，河北北部，山西北部，陕西北部，内蒙古中南部，宁夏、甘肃和青海的东北部，地形上跨东北平原、华北平原、内蒙古高原、黄土高原，分为以昭盟为中心的地区、河套地区、以陇东为中心的甘青宁地区三个部分。[1] 从自然地理角度来看，长城既是自然地理分界线，也是农耕区与牧放区之间的分界线，可以说长城地带是农耕与游牧的混杂交错带。在这个线性、带状区域里，长城自西向东，先沿着河西走廊北侧，经黄土高原和沙漠交接处，而进入内蒙古高原和冀北山地交错地带，再沿着燕山和太行山山脉蜿蜒向东，直至大海。这样一种走向与气候上的 400 毫米等降水量线基本吻合，所以它不仅是自然地理分界线，也是农耕区与游牧区的参考分界线，自然还是农耕文化和经济与游牧文化和经济的分界线。但长城不是一条线，而是一个相对宽泛的空间区域，这其实就是长城带，其内涵既包括自然地理，又涵盖人文社会等方面的多重内容。

从长城的发展历史来看，无论是春秋战国时燕、赵等国修建的早期长城，还是秦汉以来不同王朝所修筑的各个时期的长城，其大致的走向和分布地域变化不大，基本上都位于我国北方山地与平原地形的过渡、交接地带，这个地带同时也是半湿润和半干旱气候的过渡地带。基于这样的地形与气候的先决条件，"长城带"正好处于农牧交错的过渡地带，即长城以北为北方草原游牧区，长城以南则为农耕农业区，致使长城也

---

1 段清波等著：《中国历代长城研究》，北京：经济科学出版社 2019 年版，第 327 页。

就成了我国显在而重要的农、牧区标志性的分界线。此分界线以南自西周以来，以黄河中下游地区为核心，是以汉民族为主体的农耕民族的活动地域，他们在此耕耘发展，建立统一的国家政权。而长城分界线以北则为游牧民族的活动地域，先后兴盛起来的主要有匈奴、氐、羌、东胡、乌桓、鲜卑、突厥、回鹘、党项、契丹、女真和蒙古等游牧民族，他们在这个广阔的区域里迁徙、狩猎、生存，建立自己的文化和生活秩序。这些以不同族群和部落为统领的游牧民族，不仅反反复复地汇聚在长城沿线地带，而且与以汉民族为主体的中原地区政权不断发生碰撞、融合与交往，进而共同构成了长城地带多元一体的民族共生格局，展示出各自独立又相互影响的鲜明特征。由于受所在地域地理环境及气候条件的影响，长城以南主要是黄河中下游的农耕民族，由古及今靠稼穑而食，以桑麻为衣，从事较为固定、可以自给自足的初始化的农业经济。而长城以北依次递变为粗放农业区、定牧区、定牧游牧过渡区，以至完全游牧区。生活在不同区域的游牧民族基本上居无定所，逐水草而居，从事游动放牧、很难自给自足的游牧经济。农耕经济生产的农耕产品与游牧经济生产的游牧产品，具有极大的差异性，进而导致二者在产品结构上形成了明显的互补关系，但这种互补关系并不是对等的，这主要是由游牧经济的单一性特征造成的，从而导致游牧经济对农业经济产生出或衍生出更多的依赖性。所以贡赐和互市贸易就成为农业民族与游牧民族交流、交往中的明智选择，也是最主要的经济交流方式。不过，北方游牧民族的生产方式往往受自然、地理环境因素的影响较大，一旦出现气候异常，面临大的自然灾害时，畜牧产品便无法维持稳定的产出量，从而造成正常的贡赐与互市贸易因量少、质差而无法顺利开展。久而久之，互补性的供需矛盾就会尖锐起来，游牧民族便会以主动发起战争的方式驱兵南下，跨越长城线，从农耕民族那里掠夺所需的生产和生活物资，于是，双方便爆发战争。回溯历史，长城以南的农耕民族与长城以北的游牧民族之间，既有和平时段的贡赐交往、互市贸易等经济交流方式，也有矛盾与摩擦升级后的碰撞、冲突性的战争方式，双方在长城地带不断地彼此碰撞又退让，包容兼交融，达成默契，守望和平，从而在长城地带创造、展现出因经济而生发的既有一定共性却又南北迥异的交融文化。

不说史前时期文化区系的划分有别，单以夏商时期为例。当时"随着联系的不断加强，长城地带形成了一条以花边鬲为代表的陶器群，与北方系铜器群一起，在长城地带构成一条特征鲜明的文化分布带。这条文化带到周代经历了一次较大的组合，变成以青铜短剑为特征，东部流行曲刃剑，西部流行触角式剑，在长城地带东西对峙，长城亦随之出现"[1]。而到了春秋战国时期，各诸侯国林立，有的由弱变强，也有的由盛而衰，大国"争霸"。被称为蛮、夷、戎、狄的少数民族经常向中原各地发展势力，构成了对华夏各诸侯国的威胁，故有"南夷与北狄交，中国不绝若线"[2]的说法。为了防御北方草原匈奴部族南下入侵，燕、赵、秦等诸侯国纷纷在北部边界地区修筑长城。秦统一后，在列国修建的长

---

1 韩嘉谷：《论前长城文化带和其形成》，《长城国际学术研讨会论文集》，长春：吉林人民出版社 1995 年版。

2 黄铭、曾亦译注：《春秋公羊传·僖公》，北京：中华书局 2016 年版，第 251 页。

北京长城 / 董建明摄

城基础上，又在帝国疆域北部构筑了一条连贯的万里长城。其后长城历经两汉、魏晋南北朝、辽金、明等王朝的屡屡增修、加固和重筑，最终形成了从西部嘉峪关一直延伸到渤海湾的山海关，再折向东北丹东的长城防线。伴随着长城的延伸与修建，长城线逐渐明晰，中原农耕民族与北方游牧民族在长城地带不断地冲突斗争、交流融合，从而使长城地带成为中原农耕文化与草原游牧文化民族、经济、文化的交融汇聚的地带，这个地带宜耕又宜牧，双方默契地以最小的代价维持着最大的利益。可以说"长城文化"是中国古代修建和使用长城过程中所形成的"历时性"文化，包括依托长城所形成的反映长城内外农牧异质和不同社会风貌的文化，它代表着中华"和合"文化的核心内容和中华民族崇尚和平的伟大精神。虽然在地域范围上长城将游牧地区与农耕地区区隔开来，但处在农牧交汇地带的农耕文化与游牧文化却始终在交流和融合状态中共存共生。从某种程度上说，长城的防御功能、和平理念在多民族共同发展的历史进程中发挥了极为重要的文化纽带作用，它促进了统一状态下各民族的交流与共进。

在各民族多元文化发展并不平衡的语境下，汉文化强大的辐射作用日益彰显出来，并逐渐形成了以汉文化为核心，相互影响、共同促进和发展的格局，从而使长城地带的文化既丰富多样，又各放异彩。其中中原政权选择和亲及互市、贡赐等作为文化交流最直接的方式。汉初匈奴"常往来盗边"，西汉政权在军事处于劣势的情况下，被迫"约结和亲、赂遗单于，冀以救安边境"，并且"奉宗室女为单于阏氏，岁奉匈奴絮、缯、酒、实物各有数"。[1]虽然是被迫和亲、被迫奉赠，但是这样带有缓兵、安边意图的策略，还是对当时中原政权的稳固以及社会经济的恢复与发展起到了积极的作用。进入明代，汉、蒙之间于隆庆五年（1571年）开始实施的贡赐与互市，确保了此后一段时间，如《请开山西镇市疏》所言，东起延永西抵嘉峪，"烽火不惊，三军晏眠，边圉之民，室家相保，农狎于野，商贾夜行"的平衡与安稳。所以长城地带文化的交流表现在多层次、多领域、多方面。不仅汉族的语言文字、思想制度、文化艺术深刻地影响着少数民族的文化发展与进步，而且中原民族传统的儒家思想、礼仪及典章制度等也都对各少数民族的社会结构和生产、生活产生过巨大影响。这种影响是潜移默化、日积月累的。如在生产、生活方面，冶铁技术在汉代已经流传至长城沿线。新疆罗布泊、辽宁西丰县的汉代墓葬曾出土了中原地区的铁斧、铁刀、铁镰、铁剑，有些地方甚至还发现过汉代的钱币、铜镜、瓦当、生产工具等。其他在甘肃省武威汉墓中出土的包括《仪礼》简、王杖诏令简，汉代张掖郡的肩水都尉出土的记载有关《孝经》内容的金关汉简等更是文化交融的有力证明。中山国（今河北省平山一带）始建于周威烈王十二年（前414年）。本为游牧民族白狄鲜虞人所建的一个小国，东北与燕国相接，其余被赵国所包围，但根据后来考古发掘出土的文化遗存来看，其墓葬制度、器物种类、文字等与华夏民族基本一致，显然受到了华夏民族的文化、风俗的影响。再有《汉书·西域传》记载，汉代的龟兹国从上层王室至平民

---

1 ［汉］班固：《汉书·匈奴传》，北京：中华书局1962年版，第3754页。

百姓皆崇尚中原文化，"汉乐衣服制度，归其国，治宫室，作徽道周卫，出入传呼，撞钟鼓，如汉家仪"。而在蒙古鄂尔德尼昭哈拉和林遗址以北发现"包括城市、堡寨、城堡及农业郊区……瓦当和铺首的纹饰均为唐代晚期的风格。遗留在城堡内宫殿基址上的瓦当上亦存在唐晚期的纹饰"[1]。足见汉文化巨大的传播力、影响力。

中原农耕文化向长城地带各少数民族地区的传播与扩散并不是单向的，与之同时或同步，各民族带有个性标识的文化也不断向中原汇聚，强烈地影响并改变着农耕文化的风貌，使其在兼收并蓄中进一步发展壮大。如汉代传入中原后备受珍惜的"汗血宝马"，既是物质的，也是文化的。而小到衣、食、住、行，也无所不包，均体现出长城地带文化的包容性和多样性。历史上从赵武灵王提倡的"胡服骑射"，到清代的旗袍、马褂，无不反映出古代中原民族上衣下裳、宽领褒袖服饰所发生的重大转变。魏晋时期，名士风流。随着大批北方游牧民族越过长城线进入中原腹地，也将"胡床"带入农耕区域，正是"胡床"的传入并广泛使用，逐渐改变了汉民席地而坐的生活习惯，引发了汉族生活习俗的一场革命。以五谷为主食的膳食种类和结构的改变，也带有外来饮食文化的影响痕迹。据考证，今天人们熟知的棉花、油菜、芝麻等粮食作物和相关种植技术，都是通过丝绸之路从西域多地传入中原而后推广开的，小麦、大麦以及磨面的方法也是如此。至于人们熟悉的大豆和板栗等作物说是东北半农半牧经济类型下的产物并不过分。在艺术方面，诸如笛、

---

1 李凤山：《长城带经济文化交流述略》，《中央民族大学学报》1997年第4期，第34—39页。

琵琶、箜篌、胡琴等乐器以及音乐、音律、歌舞、杂技等自南北朝时陆续传入中原后，对中原的戏剧、宋词、元曲均产生了极大影响，很难详述。如唐代盛行的胡旋舞，来自西域的康国、米国对其影响颇大。现存的玉门昌马、酒泉的文殊山、洛阳的龙门和大同的云冈等石窟艺术，以及敦煌的壁画艺术等，也都是长城地带各民族乃至世界艺术相互影响和汇聚的必然呈现。

长城地带是举世闻名的文化艺术宝库，有多种艺术门类已经成为宝贵的文化遗产，有的已经被列入非物质文化遗产名录受到保护、利用。长城内外不同群族的文化艺术、内在精神、价值取向等，通过文化的传承、交流、创造和发展，既表现出鲜明的民族特色，又烙印着深深的时代特点。

七、民族融合的纽带

长城的出现是特定历史境况和地理环境条件等共同作用的结果。历史境况主要包括古代长城内外不同族群的生活、生存状况，而地理环境条件主要指长城沿线地带的自然地理环境和气候条件等。长城内外的族群作为"一种社会群体，它根据一组特殊的文化特质构成的文化丛或民族特质而在一个较大的文化和社会体系中具有一种特殊的地位"[1]。不

1　覃光广、冯利、陈朴主编：《文化学辞典》，北京：中央民族学院出版社 1988 年版，第 664 页。

同的族群，除了宗教、语言、生活方式、文化传统的整体方面的特征有别于其他的社会群体，也在民族和地理的共同渊源上带有个性化、符号化的标识。不同的族群在漫漫历史发展中或聚合或分裂，最终演变形成了不同的民族。受长城地域地理特点所影响，一般来说，长城内外的族群可以分为两大类，一类是以农业为三的农耕民族，另一类是以畜牧业为主兼及渔猎的游牧民族。自夏商周以来，长城以南形成了以农耕经济为主的汉民族，主要分布在黄河中下游的广大地区，他们在这里建立了以农业文明为基础的统一国家，并在不断发展过程中，逐渐形成了拥有自身特色可以自给自足的农耕文明。而在长城以北的广大区域，则形成了以畜牧经济为主、带有依附性的游牧民族。作为统称，游牧民族的组成相当复杂，在不同的历史时期其构成成分并不一致。自先秦以来，这片区域里先后生活着氐、羌、东胡、乌桓、匈奴、鲜卑、突厥、回鹘、党项、契丹、女真和蒙古等各类游牧民族。这些逐水草而居的民族主要活动区域，无一例外都位居长城以北的草原或林地。不同的民族长期在北纬38°～42°的长城地带发生碰撞、冲突和战争，同时也通婚、交融、互市。

从气候和地理方面来说，长城地带的自然地理环境，属于半湿润向干旱气候的过渡区，水热条件优于我国北方草原区，但不如南方传统的农耕区。对于牧业来说，它是扩大优良牧场、壮大游牧经济的好场所；对于农耕业来说，这里又是"雨养农业"和"灌溉农业"[1]的分界线。

1　"雨养农业"即通常平均年降水量在250～300毫米之间，还可以发展"靠天吃饭"的农耕业；"灌溉农业"即当年降水量不足以满足农耕业的最低需求，必须依靠灌溉，只有在具备灌溉条件的地区发展农耕业。长城地带的东部年降水量超过400毫米，西部也在200～400毫米之间，所以大部分地区可发展"雨养农业"，是农耕民族扩大耕地的主要目标。

如阴山山脉北面为远离海洋的高海拔地区，夏季酷热，冬季严寒；而阴山南坡，则拥有与其北面截然不同的地貌。冬季，有阴山阻挡南下的西北方寒潮，夏季，源自太平洋的海洋暖湿气流会带来宝贵的降水，所造就的河套平原不仅湖泊众多，而且水草丰美、一片生机。正因为这里既有农耕民族开垦耕种的良田，同时又是游牧民族向往的理想的冬季牧场。所以，这一地带自然成为两个民族都要占有的对象。换言之，"长城地带的自然地理环境既宜牧又可扩耕，是农、牧都可争、都想争的地区。这是长城地带成为半农半牧地带的自然基础。更为直接的原因，是随着民族力量的变化，农牧界线呈相应变化，在你进我退，或我进你退的长期对峙、拉锯过程中，使这里成为汉（农耕）民族和少数（游牧）民族杂居的融合带"[1]。

中国自古就是一个多民族的国家，而长城区域更是一个多民族活动最频繁、最活跃的地区。按照费孝通先生对这个问题的说法，中国作为统一的多民族国家，除了大家熟知的 56 个民族外，其实还有一些"未识别"的民族，而且任何一个民族在历史上的发展过程，都是十分复杂、曲折的。众所周知，在自有长城以来的 2 000 多年的历史中，中国古代大多数时期都是中原王朝与游牧政权分别管控着长城内外的不同区域，而在拉锯式的分分合合中，事实上形成了南北双方在联系中有对峙、在碰撞中有融合的复杂局面。从国家话语层面来说，长城以内是以汉族为主的中原王朝，而长城以外则主要是以游牧或渔猎民族为主建立的政权。据历史文献记载，若以漫长的长城墙体为标志，长城之外的北方前后至

1　冯嘉苹、程连生、徐振甫：《万里长城的地理界线意义》，《人文地理》1995 年第 1 期，第 50—55 页。

少有过 100 多个留有名称的民族，如比较出名的匈奴、东胡、鲜卑、柔然、突厥、契丹、女真等，他们生活繁衍的主要区域，都在特定的长城线外，因而或多或少、或深或浅、或久或短地参与了长城地带不同民族之间相互碰撞与融合的发展全过程。聚居在长城内外的不同民族，各自为自己的生存和发展争取过一些共同的利益和不同的利益。客观而言，在不同时间段、不同利益体相互交织、融合的过程中，长城"以战止战"的和平理念，赢得了多方认可的、合理存在的时间与空间，从而最大限度地争取了对立政权或民族间的非战争时间，起到了促进农耕和游牧民族整体融合与发展的积极作用。

当然，长城地带的民族融合，"不是民族学学科严格意义上的民族融合，而是广义或习惯上所说的民族融合，主要指在统一局面下，两个以上的人类群体或民族，在社会、经济、文化艺术、宗教信仰以及社会生活方式等诸多方面的差异性逐步缩小乃至消失，共同性逐渐增加并趋于基本一致，从而演变成为一个新的民族实体的过程和现象"[1]。在此意义上，纵观整个长城地带，伴随着政权更迭和战争的民族融合史，从先秦到宋、元、明、清，在漫长的历史长河中，农耕民族和游牧民族在这片区域不断地碰撞和交流，既是历史发生和存在的事实，也是文明发展大势所趋，因而带有必然性。群雄逐鹿，七国争霸的战国时期，长城修建之始，正是民族融合历史上的第一个高峰期。当时各国为了富国强兵、扩充势力，选择尽可能多地与周边民族进行融合。汉民族通过经济

---

1 李凤山：《长城与民族》，北京：中央民族大学出版社 2006 年版，第 16 页。

交往、生活联姻、政治改革等一系列具体举措，汲取精华，完善自身，彰显出一定的"霸气"和"霸相"。到秦汉时，长城地带逐渐演变成汉与匈奴的角逐。秦朝末年，冒顿杀其父头曼自立为单于后，又抓住楚、汉相争的良机，向东灭掉东胡，迫使东胡北迁；向西击败月氏，迫使月氏西退；同时向南吞并楼烦，将势力伸入河套地区；向北又征服了丁零、鬲昆等。这样一来，其所控地域东涉辽水，西至葱岭，南过长城，北达贝加尔湖，直接奠定了匈奴单于国疆域的基本规模。匈奴帝国的剽悍、强大，恰与西汉初期国力的衰弱形成了鲜明的对比。为消除战火频仍、民生凋敝的颓势，汉民族被迫采取和亲的怀柔政策向匈奴示好，随即又开启关市，以缯絮、金钱、粮食、酒等换取匈奴的马、牛、名贵毛皮及畜产品等。这样，汉民族和匈奴在长城地带通过战争、通婚、马市、迁徙等多项措施，一次又一次地在这里相互争斗，也一次又一次地在相互学习、共进中实现融合。汉朝的后期，匈奴本身分裂为南匈奴和北匈奴，而更接近或靠近汉民族的南匈奴，其中的一部分在日渐"汉化"的生产和生活实践中融入汉人。反观北匈奴，则以西迁的一系列举动更加接近欧亚大陆。而匈奴裂变、分散后的一些小部落，依旧生息繁衍在广阔的草原上，他们在流动和杂居中重新分合，又逐渐形成了其他的民族。如之后崛起的突厥人就是匈奴退出历史后形成的新族群中的一支。东汉时，盘桓于长城以北的其他民族如乌桓、鲜卑、羌人，也有迁入长城以南区域的现象。汉光武帝建武二十五年（49 年）乌桓内迁进入塞内，居于东汉辽东属国、辽西、右北平、渔阳、上谷、代郡、雁门、太原、朔方等郡，从分布情况来看，东起今大凌河下游，西至鄂尔多斯草原，可谓

线长、面广。与此同时，比乌桓还更靠北的鲜卑人也随之向南迁徙，并趁机陆续进入乌桓故地。东汉和帝永元三年（91 年），大批鲜卑人又补北匈奴单于西迁后的空缺，涌入匈奴故地。再加上已经加入鲜卑的匈奴人，使得鲜卑的势力逐渐壮大起来。至东汉末年，东起辽东，西至敦煌的长城及周边地区，几乎都分布着数量可观的鲜卑人。至于活动区域有限的羌人，其内迁的规模和深度也不容小觑。东汉多用兵于西羌，史料上多有"降者""俘生口"一类的记载，致使羌人在今甘肃、宁夏、陕西、山西、河南部分地区都有聚落性分布。以上这些原本属于少数民族的不同族群，通过各种方式内迁之后，大多既保留了原来部落的生活形态，也在与汉民族的杂居、混生状态下逐渐改变了其原本的生产与生活方式，开始尝试定居式的农业生活。值得注意的是，有些民族在渐渐改变习惯的"汉化"过程中，原有的独具特点的生活习俗、语言等还是被保存下来，成为我们今天了解历史的宝贵窗口。与此同时，原本生活在南方的一些聚落族群也开始向北迁移，汇聚在长城线以南的广阔区域，在潜移默化中加入民族融合的行列中。

到了魏晋南北朝时期，一度统一的汉王朝重陷乱局中，再现分裂状。游牧民族政权趁机越过长城、逐鹿中原，在长城以南区域以民族融合的多种手段，建立一个又一个政权，甚至统一了整个北方。在这个时间段内，游牧民族学习、模仿农耕民族的政治、经济制度，探索进行汉化改革。而汉民族也在与外来文化、习俗的交流和互鉴的"胡化"实践中，焕发出新的精神面貌。长城地带的民族融合，从现象到本质，由此迎来第二个高峰期。西晋永嘉五年（311 年），匈奴贵族刘聪遣将攻破洛阳，发生了史称"永嘉之乱"的事件。随后，长城地带的少数民族相继入主中原，在中原地区先后建立了数十个名称不一、强弱不等、大小各异的国家，因其中存在时间较长并具有重大影响力的是匈奴、鲜卑、羯、氐、羌五个游牧部落所建的政权，史称"五胡乱华"。五胡先后在长城地带及中原地区建立了十六个国家，一直到拓跋鲜卑建立北魏统一北方为止。所谓的"五胡十六国"存在135年（304—439年），时间不长，战乱频繁，随着其统治疆域的扩大，其内迁的广度和深度也随之不断扩大，民族融合进一步深入。比如，匈奴赫连部和鲜卑拓跋部分别建立夏和北魏，他们分别由长城内外进入关中和关东广大地区。再如，前赵迁徙关陇氐、羌15万落[1]于关东地区；而后赵建立后，羯人广布黄河流域；另外，氐人建立的前秦短暂地统一了淮水以北的大半中国，并在灭掉前燕后，迁徙慕容鲜卑4万余户于长安附近，4万余户即约20万人。总之，不论出于何种原因或目的，魏晋以来内迁的各民族之间以及他们与汉民族之间的交融越发广泛与深入。其间各个民族在日积月累的接触与磨合中，日益接受并适应了其他民族尤其是汉民族的政治、经济、文化、生活方式等，彰显出不断与汉民族趋同的倾向。显而易见，这种以长城为参考标识的民族融合，并不是单一、单向的，而是双向甚至多向的。各民族之间在互相学习、借鉴中，汉民族吸收内迁各族的文化，包括衣食、音乐、舞蹈、语言等各方面。而同时，内迁后的各民族也逐渐习惯了汉族的一系列习俗及规约，产生了以秦汉以来所形成的长城地带南部的中

1　按5口为一落算，15万落为75万人。

原疆域为自己的国家的认同感，大部分内迁的贵族开始自称为炎黄子孙。这种心理上的逐渐认同，为随之而来的中原地区统一奠定了更加坚实的基础。

隋唐时期国家复归统一，此时采取了更加开明的民族政策，对待各个民族，秉持友好态度，使得民族融合在长城内外持续发生、发展。"唐末至明末，长城带民族融合再次步入一个新时期。"[1] 唐后的宋、辽、西夏、金时期，汉与其他不同的游牧民族政权共时性地相继存在，在彼此相互征伐中不停地发生碰撞，继而融合，最终出现了中国历史上第一个由游牧民族政权所建立的统一的国家——元朝。历史资料记载，其间，唐朝从高祖武德七年（624 年）征伐突厥开始，到高宗永徽元年（650 年）设置管辖突厥的单于、瀚海两个都护府，经历了包括俘虏突厥可汗在内的 26 年征伐，在取得全面胜利中并不弱化融合手段及举措。唐太宗死后，突厥政权经常反叛，不断骚扰唐朝的边疆地区。到唐玄宗开元时期，唐朝统治者不得不对突厥采取积极防御政策，最后还是借回纥之手才将突厥击败。唐代诗人韩翃曾写诗赞扬突厥族将领哥舒仆射是"万里长城家，一生唯报国"。汉族诗人将身为突厥人的唐朝将领比喻成长城，一定意义上说明这个时期民族融合的程度已经达到了相互认可的程度。

宋辽对峙的战争多发生在长城地带，同样演出着一幕幕分分合合的历史戏码。当北方游牧民族实力强大时，对中原地区往往进行大规模的攻杀劫掠；而当实力相对弱小时，对农耕地区便进行小规模的骚扰性

1　李凤山：《长城带民族融合史略》，《中央民族学院学报》1993 年第 1 期，第 55—60 页。

抢掠活动。战和无定的结果是：北宋联合女真族所建立的金国灭掉辽国。之后，北宋政权又败于金，朝廷迁都到江南，国土疆域缩小，史称南宋。军事等全面处于劣势的南宋在联合蒙古族灭金之后，最终却又被蒙古族所灭。至此，蒙古族统一中国，建立元朝。有趣的是，《辽史》中契丹人称自己为炎黄子孙。如1989年内蒙古赤峰巴林左旗杨家营子镇石匠沟辽墓出土了《大契丹国夫人萧氏墓志》，碑文在涉及萧氏的丈夫耶律污斡里时，说到"公讳污斡里，其先出自虞舜"，明确表达了耶律污斡里为黄帝之子昌意的七世孙虞舜的子孙。可见在民族融合上契丹人已认同虞舜是自己的祖先了。再如2003年，辽宁省阜新蒙古族自治县平安地乡阿汉土村宋家梁屯北山辽墓，出土了《永清公主墓志》。这是目前发现的唯一一块有汉文和契丹文双文对照的墓碑。历史上永清公主的丈夫名萧大山，于辽道宗耶律洪基时期去世。碑文中称"盖国家系轩辕黄帝之后"，明确地说契丹人是黄帝之后。

实际上这种民族和国家认同的融合观念与历史由来已久、根深蒂固。北宋时发生"靖康之难"，直接导致了南北人口的大迁徙，也加速了民族融合的趋势和进程。就是后来建立金朝的女真人也自认为是中国人。如元代时期纂修的《金史》，全书14次使用了"中国"一词，除了3次指宋朝控制地区之外，11次均指的是金朝本朝。到了明代，作为以农为本的王朝，尽管提出了"驱逐胡虏，恢复中华"的口号，也为了防御北方蒙古族入侵不断强化民族矛盾，开始了历史上对长城的最大规模修缮和修建活动，但是，民族融合在长城地带的广度和深度也同样持续推进、不断加深。简言之，从唐末至明末的这段时间内，大批汉人或为

躲避战乱，或被官府征发，或被游牧民族统治者所裹挟和强迫，不断迁徙并分散到长城地带或以北各处。"700余年的民族人口大对流，造就了各民族大杂居的态势，他们相互交流、相忘相化、相互吸收，经济、文化、风俗习惯相互渗透，趋于一致，经多年叠加积淀，相互融合为一体，终于完成了又一个民族融合的过程。"[1]到清时，推行剃发易服，各民族又进一步融合在一起，最终形成中华民族自在一体的多民族实体。

历史上各民族之间的征伐、整合或融合，是中华民族形成和发展的过程和基础。长城地带是不同民族融合、共生的区域，它见证了中华民族形成多元一体格局的全过程。中华各民族既具有广阔的疆域、文化的共性，又具有各自同中存异的文化个性，各民族之间形成你中有我、我中有你的交互关系。这其中有游牧民族与农耕民族的融合，也有游牧民族自己的主动变化与适应，更有华夏民族自强不息、团结奋进的命运共同体意识的不断增强和壮大。

---

1 李凤山：《长城带民族融合史略》，《中央民族学院学报》，1993年第1期，第55—60页。

第四章

长城精神：中华民族的象征和精神标志

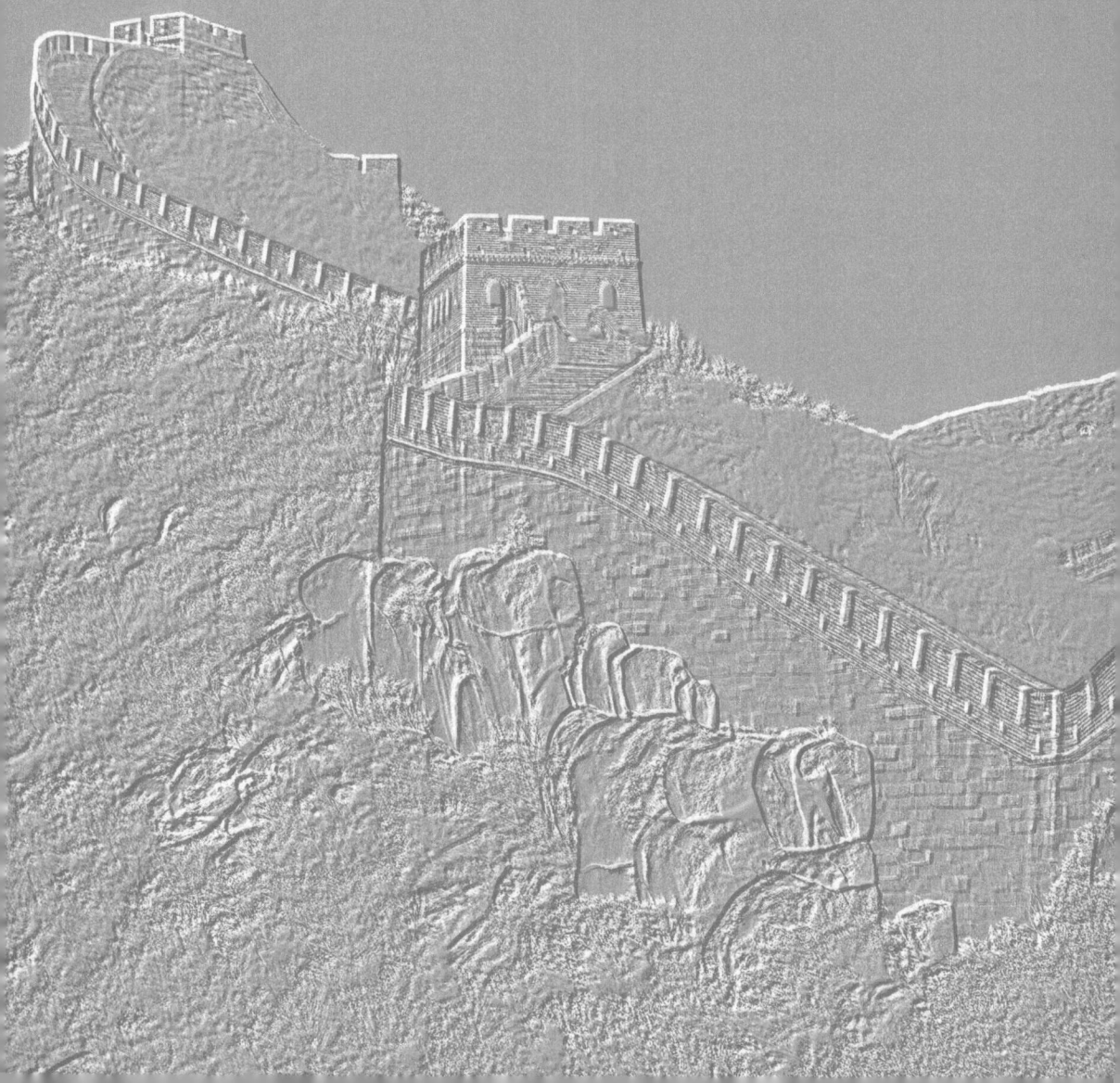

河北省滦平县金山岭段明长城 / 董旭明摄

　　说起长城精神，当然离不开长城文化。长城文化源远流长、博大精深，其中蕴含了反对分裂、维护统一、崇尚和平的爱国主义精神和英雄主义情结。长城精神是中华民族物质文化与精神文化的复合体。作为一种历史文化现象，长城精神是中国整个社会发展历程的积淀物；而作为社会文化现象，长城精神无疑又是全体中国人共同创造的独有的精神历程。长城文化是中国长城核心价值的生成土壤和深厚基础，而长城精神体现着中华民族核心价值观的重要方面。

　　2019 年 1 月，在文化和旅游部、国家文物局联合发布的《长城保护总体规划》中，明确了中国长城最突出、最核心的价值在于它所承载的伟大精神，包括：团结统一、众志成城的爱国精神，坚韧不拔、自强不息的民族精神，守望和平、开放包容的时代精神。这三大方面涵盖并诠释了长城精神的丰富内涵，也说明它一直随社会历史的发展而产生发展、变化。可以说长城文化和长城精神，凝结于长城实体建筑中而又游离于实体建筑之外。无论在形而上还是在形而下的层面，都具体传承和弘扬于中华民族的思维方式、价值观念、生活方式、行为规范、科学技术以及文学艺术作品之中。

一、爱国精神

爱国是中华民族的优良传统，是中华民族精神所包含的重要内涵和核心价值观。在历史上，长城内外的不同民族无论是处于融合发展的和平时期，还是处在双方对立的战争阶段，实际上都直接体现着以保家卫国为表征的爱国精神，而保家卫国的具体举动，无论是积极主动的，还是消极被动的，都有其历史或现实发生的种种原因和丰富意涵。可以说爱国主义的内涵，一直随历史发展而产生变化。

中国古代的爱国主义，主要表现为反对邦国分裂，反对对统治政权和秩序构成威胁的势力，以保障一定物质和文化影响范围内的社会安定、人民生活安宁。长城作为中国古代伟大的军事防御工程，保家卫国可以视为其基本的功能和目的，也是今天我们认识和理解长城爱国精神的最直观路径。从历史的发展过程来看，因守卫、保有一定利益之需而营造并不断扩建的中国长城，在历代发生的对抗征伐、劫掠势力，消除、挽救不利局面的保家卫国战争中，都切实发挥了巨大作用，至少维护了部族或集团的整体利益，使其不受或少受损失。

因为古代爱国者的个人命运常常和一个具体的王朝命运紧密相连。每一位爱国者的个体努力，虽然并不是为了维护王朝的腐朽统治，但是这些爱国的仁人志士常沦为王朝衰败和灭亡的牺牲品。当一个王朝到了帝王将相沉湎于声色犬马，文武百官只关注穷奢极欲的个人生活和利益的时候，那些一心精忠报国的悲剧英雄，不仅命运多舛，而且往往不得善终，从而成为令人扼腕叹息的祭品。所以我们既不能像古代很多的王侯将相一样，把忠君和爱国完全等同起来，也不能像一些历史虚无主义者一样，把忠君和爱国简单对立起来，而是要结合具体的历史背景和条件辩证分析和看待。其实在中国传统文化语境下，对这一问题的认识并不复杂。例如孟子就说："君之视臣如手足，则臣视君如腹心；君之视臣如犬马，则臣视君如国人；君之视臣如土芥，则臣视君如寇仇。"[1]如此说来，爱国或爱国精神是离不开客观历史条件的。

1920 年，孙中山在《建国方略》中曾分析指出："长城之有功于后世，实与大禹之治水等。由今观之，倘无长城之捍卫，则中国亡于北狄，不待宋明而在楚汉之时代矣。如是则中国民族必无汉唐之发展昌大而同化南方之种族也。及我民族同化力强固之后，虽一亡于蒙古，而蒙古为我所同化；再亡于满洲，而满洲亦为我所同化。其初能保存挐大此同化之力，不为北狄之侵凌夭折者，长城之功为不少也。"[2]孙中山的这段言论不仅对长城保家卫国的功能做了直接肯定，而且还对其中深层的因果逻辑关系做了剖析，将其视为把长城当作中华民族象征的最早例证并不为过。

事实上，单从长城巨大的建筑体量来看，在劳动工具并不先进的古代，不惜耗费人力、物力、财力，大规模修建长城本身就是要实现保家卫国的朴素愿望，带有强烈的爱国精神。爱国的"国"指的应是"国家"。在汉语中古代诸侯称国，大夫称家。"国"可以指古代侯王的封地，也可以指古时候的都城，或者专指一个地域或皇帝。现代语境下对"国家"

---

1 胡广林主编：《四书五经》，北京：人民文学出版社 2006 年版，第 158 页。

2 孙中山：《建国方略》，广州：广东人民出版社 2012 年版。

的解释是：阶级矛盾不可调和的产物和表现，或言是一个阶级对另一个阶级的专政工具。恩格斯在《家庭、私有制和国家的起源》（1884年）中说：原始社会后期，原始公有制的瓦解、私有制的产生，对立阶级的出现，终于导致国家的产生。这是不同于任何人性说、契约说、神权说、武力说、进化说的马克思主义国家起源说。今天我们怎样理解"国"或"国家"的概念？简言之"国"有三个要素：首先是一片或大或小的地方或疆域，中国的陆地面积约960万平方千米，内海和边海的水域面积约470万平方千米；其次是这个地方上活着一大群或多或少，以自己富有个性和特征的文化为根基维系着的人，中国大陆总人口已达14.1亿人（2022年数据）；其三是这个地方和生活在这里的人具有安全感、获得感等。所以爱国，就是爱我们"足下的土地"——这是我们生命赖以生存和延续的根本或基础；就是爱生活在这片土地上勤劳、智慧的人民——我们共同携手建设美好的家园，维护着国家的神圣、独立、民主、自由和安全等；就是爱祖国悠久、灿烂的优秀传统文化——使其在创新性的发展和转化中不断发扬、光大。爱国不仅是中华文化的精髓，也不仅是人民的责任和义务，更应该是全人类的普遍共识和价值追求。爱国这一概念在一定条件下是超越民族、国家和文化的价值观。爱国不只是一种理念和追求，而应该化为保家卫国的具体行动和实际能力。所谓"国家兴亡，匹夫有责"，在古代，万里长城承载着"防人掠，守己国，求安宁"的防御功能，这也是中华民族历代王朝选择坚定地修筑长城的根本原因。在今天，对国家能起到护卫作用的当然是伟大的人民、英雄的人民军队，是包括导弹、军舰、核武器等在内的护国"重器"。而在生产力水平相对低下的冷兵器时代，真正能够护卫国家的，除了王朝统领下的民众和万众一心的军队之外，另一个重要方面就是需要有足够规模、功能齐备的防御工事。

长城在修建之初，就带有"以战止战"的和平发展目的，内蕴着孔子的"慎战"、孟子的"非战"、墨子的"非攻"以及老子的"无兵"、孙子的"不战"等和平思想和施政理念。可以说在科技并不发达的古代社会，中国长城是唯一一个在体量、规模和功能上最能与国家的需要及形象相匹配、相契合的存在物，也是唯一一个能够与天下、江河、大地、民族等具有浩大气象的意象和概念相吻合、相统一的防御体系。所以，历史上的万里长城，虽然依旧还是那条横亘了数千年并被封建王朝所仰赖且唯一能够守卫国土、维护秩序的庞大建筑，但是这个曾经能够化解矛盾、促进交流、维护和平的"国之重器"，今天是作为世界文化遗产而呈现在世人面前的，世界遗产委员会称其"在文化艺术上的价值足以与其在历史和战略上的重要性相媲美"。也就是说万里长城不仅是人类建筑史上、军事史上的一个奇迹，而且还有着恒久的阐释不尽的文化价值、精神内涵。人们对其保家卫国的"国之重器""建筑奇迹"的本来面目和重要内涵的认识远远不足，值得挖掘。时至今日，中国长城这个曾经承担了数千年保家卫国使命的大国重器的战争功能已然随着冷兵器时代的结束而退去了，但退去并非消失，而是延续并内化为一种保家卫国的精神象征，继续提供着我们全面认识中国长城爱国精神的一个视角。

团结统一、众志成城的爱国精神，不仅包括行动上保家卫国的团结

统一、众志成城，而且包括思想认识和价值追求上的团结统一、众志成城。"把我们的血肉筑成我们新的长城"是英雄主义的呐喊，也是由实体的长城向精神的长城的成功转化。我们每一个人都应该有英雄情结，崇尚英雄，就要追求并践行英勇、坚强、首创以及自我牺牲的精神和行为，倡导英雄主义。在古代，不乏将军队或对国家贡献大的人比作万里长城的事例。据《宋书》记载，"万里长城"一词最早出现在南北朝时期，当时有人将"万里长城"与军队进行比喻性的联系，这说明当时的人开始思考"长城"内蕴的精神价值了。史书上记载了一个"主昏于上，政清于下"的例子。沈约的《宋书》上说1500多年前南朝的名将檀道济率领北伐军队正要大展宏图收复北方之际，却被听信谗言的昏庸皇帝收了兵权，因为皇帝担心檀道济军权过大、军功过重会谋反。檀道济难酬大志，痛心疾首，便气愤地谴责陷害他的行径为"乃复坏汝万里之长城"。由此可知，"万里长城"已经成为军事、国防的象征与标志，自然融入了爱国主义的情感。唐代因为民族融合程度高而修建和使用长城不多，但《全唐文》同样记载过唐太宗把能征善战的将领比作长城的话："秦筑城以备虏，未若选将为长城；汉设策以御戎，吾知得人为上策。"[1] 他明确地提出秦始皇修实体长城防御匈奴，不如选择能征善战的良将筑成戍防的精神长城。这和唐代汉族诗人韩翃赞扬突厥族将领哥舒仆射的诗句如出一辙。到明代，人们已经广泛使用长城的比喻或象征意义了。《明太祖实录》记载，开国大将徐达一生骁勇有谋，无

1　向燕南主编：《中国长城志·文献》（上），南京：江苏凤凰科学技术出版社2016年版，第366页。

论作战功勋，还是筑边功绩都十分显赫，曾被朱元璋誉为"万里长城"。类似的例子还有许多。如嘉靖十八年（1539年）秋，杨守礼任钦差巡抚宁夏地方都察院右副都御史。他到任后决心报国，整肃边防，修筑了贺兰山赤木口等处长城，并要恢复北路镇远关、黑山营等军事据点。到次年冬，终于因勤政和功绩而升迁为右都御史总督陕西三边军务。虽然这位官员在宁夏任巡抚仅一年的时间，却受到了所管辖地方父老的高度赞扬与认可。刘思唐的《筹边录序》中赞扬杨守礼道："若假以久任，俾得究竟其设施，必能以身为西北长城，销北虏之患于未形。"而《宁夏新志》（嘉靖）赞扬总兵官潘浩修建和戍守长城的功绩时说："总兵官潘浩，能谨烽堠，迄今人以'潘长城'称之。"可见，中国古代杰出军事将领的作用与长城的功能一样，都可以在保家卫国的事业中担当使命、发挥作用。因为他们身为战将，并不是一味地炫耀武力、喜好战争，而是和常人一样，胸怀追求社会和平、安宁的深情远志。这一点在修建并戍守长城的名将戚继光身上体现得最为鲜明。戚继光年轻时就有强烈而理性的爱国情怀。他在世袭父亲的军职后，曾写下《韬钤深处》诗，内有"封侯非我意，但愿海波平"的诗句，表达的正是同样高远的爱国、报国情志。

的确，只要人心一致、团结奋进，就是一道比实体长城更坚固的长城。众志成城之所以是中国长城爱国精神的核心特征，不单单因为保家卫国侧重于长城的功能形态，更在于众志成城彰显并渗透着崇高的精神内涵与价值追求。"城"是一个会意字，从土，从成，成亦声。《说文解字》上说："城，所以盛民也。"其左部为"土"，而土为五行之一，

对应着五常之信。而"城"字右部是"成"，依《说文解字》上的说法："成，就也。"守土有责、守城亦有责，只有齐心协力，保家卫国，天成地"就"，才能心想事成，实现中华民族的伟大复兴。换言之，这"众志"所汇聚而成的"城"，是由多种元素、多重含义构成的复合型整体。既可以是你一块砖、我一块石汇聚而成的防御之城，也可以是力合一处、团结一心、融合一体的爱国意志与行动之城。

中国历代修建的长城，是无数中国民众日积月累、力合一处的结果。秦朝民歌《长城谣》："生男慎勿举，生女哺用脯，不见长城下，尸骸相支柱"[1]，艺术而悲壮地揭示出修建长城给人民所带来的巨大痛苦与牺牲。民歌从一个侧面印证了长城是一个极其耗费人力、物力的防御建筑体系，其修建的难度和过程的漫长都不难想象。尤其是在劳动工具并不先进、生产力水平并不发达的古代，加上劳动场所多在荒凉、贫瘠的山地或荒漠等自然条件差的地区，这都增加了修建的难度和过程。如果没有众志成城、团结协作的恒心与顽强意志，就不会产生合力筑成牢固长城的结果。而且这一显在的结果，在历史上曾经成功地保卫了农耕地区的安全，维护了农耕民族与游牧民族交往、交汇地带的生活秩序，从而保卫了相对独立的中原文明，并使游牧文明得到了合理的延续及发展。

到了近现代，长城与保家卫国的爱国情感联系更加紧密。不过，长城所内蕴和代表的爱国主义精神，又与时俱进，添加了新的时代内容。主要表现为：坚决反对西方列强侵占并瓜分中国领土、主权和利益的种

---

1 ［北魏］郦道元著，陈桥驿、叶光庭、叶扬译注：《水经注全译》（上），贵阳：贵州人民出版社 1996 年版，第 82 页。

种行径，勇敢反击帝国主义势力用各类借口发动的侵略战争，誓死捍卫民族独立和领土主权，勇于为祖国救亡图存而不惜牺牲等。这样的事例举不胜举，既可以找寻其产生的背景和条件，又可以挖掘爱国精神的动机和意义。例如从鸦片战争之后，中国逐渐成为欧洲扩张势力和影响的主要目标，各路入侵者靠武力强硬地打开闭关的中国大门。面对外国列强的武力征服，本来已经完成了防御历史使命的长城浴火重生，实现了"涅槃"。虽然对来自海上船坚炮利者的入侵，实体的长城并不能发挥实质性的防御作用，但是长城唤起了中华民族保家卫国的血性，完成了由长城本体向长城喻体的自然转换，这用无数仁人志士的血肉筑成的新的长城，是长城爱国精神的象征，在抵抗外国侵略的过程中，作用直观、明显、突出。

在抗日战争初期，中国思想界曾专门从长城的视角出发展开过对相关问题的讨论，这对当时鼓舞民众团结一心、抵御侵略起到了积极的作用。1931年九一八事变后，日本侵略者迅速占据东三省，到1933年初，已将战事蔓延到长城沿线。此时的长城及关隘更具有象征意味，表明日本已经开始觊觎中国华北领土，举国上下进一步感受到外国侵略的严峻形势。强烈的危机意识使长城重新进入了公众视线，获得了一场现代战争境况下的意义重构与全新阐释。1933年，在一篇名为《北上抗日一瞥》的文章中，有人专门探讨了民众团结一心与长城保家卫国功能间的关系，论述了长城之险已不足以用以御敌之际，强调要依赖民众的团结、依赖民众与长城的共荣共存，才能抵御侵略，获得胜利。该文章明确承认并认同共存、团结的思想是与长城的内在精神高度统一的。日本侵略军对长城的占领，引发了全民族面向长城的"哭泣"与追问。1933 年 1 月初，当"天下第一关"山海关失陷后，长城抗战的枪声沿长城线不断响起。1933 年 2 月 1 日的《东方杂志》上，发表了丰子恺的漫画《关山月》。画作在"天下第一关"的城楼前插上了一面日本国旗，

百团大战中，八路军攻克涞源县日军据点东团堡 / 沙飞 摄

悬挂在天空中的月亮面对这一场景潸然泪下。从审美角度上说，城墙和天空都经过了渲染，只有远山、城楼屋顶和月亮留出白色，画面简洁、明晰，却弥漫着浓浓的沉郁和悲痛，令人震惊、思考。这种阴郁忧伤的格调与此前丰子恺漫画中的优雅欢快截然不同，开启了丰子恺后来战争漫画的先河。可以说丰子恺以"关山月"为题，自有深意，极易引发人的联想，进而激发人们的爱国情志。"关山月"是乐府旧题，按唐人吴兢《乐府古题要解》的说法，"关山月"皆言"伤离别也"，而且这种离别又多与战争相关。如李白同名诗作《关山月》便形象地抒发了因战争而生发的离别相思之苦："明月出天山，苍茫云海间。长风几万里，

吹度玉门关。汉下白登
道，胡窥青海湾。由来
征战地，不见有人还。
戍客望边色，思归多苦
颜。高楼当此夜，叹息
未应闲。"[1]丰子恺笔
下的月夜关城，恰好与
李白所谓"明月出天山，
苍茫云海间""高楼当
此夜，叹息未应闲"相
呼应。画家选择运用一
个传统的主题及意象，
来营造一个发生在当下
而又令人心碎的场景，

丰子恺作《关山月》（发表于 1933 年 2 月 1 日《东方杂志》）

巧妙地将古时因戍边、卫国而引发的思念之苦，转换为抗战形势下因故
土沦丧、日寇入侵带来的无限痛楚。画家丰子恺用图像做出了一个由"古"
而"今"、由"家"而"国"的场景和情感转换，极富艺术感染力。究
其原因，很大程度上源于画作城门上书写的标志性符号"天下第一关"，
这说明长城内蕴的保家、卫国、团结、抗争等精神远超过实体长城，已
深深植根于中国人的心中。无独有偶，同时期《良友》杂志上一幅拼贴

---

1 萧涤非、程千帆、马茂元、周汝昌、周振甫、霍松林等：《唐诗鉴赏辞典》，上海：上海辞书出
  版社 1983 年版，第 236 页。

照片《日军大炮威胁下的山海关》里，也是以这块"天下第一关"牌匾为中心添加上浓烟、骷髅和机枪，以极具视觉冲击力的现代形式和手法构造出一个带有宣传画性质的图页，以此来说明"威胁，轰炸，死亡！日兵最近在中华国土里的大屠杀！"，进而唤起国人的爱国热情、抗日决心。

其实，身在国难中，面对破碎的河山，哭泣的远不仅仅是山海关及月亮，甚至还有秦始皇。如 1933 年 6 月 17 日出版的《半角漫画》上，刊登了一幅构思奇巧的漫画《秦始皇的懊悔》（署名"允元"），让长城名义上的建造者穿越到"现在"。画作在山峦和天空之间勾勒出一段长城城墙，秦始皇在前方泪流满面。单就画面而言，秦始皇因何"哭"或"懊悔"，画面物象或意象的指代性并不明晰，关键是作者在漫画上所做的一点说明："早知长城是不能保中国，又何必当初的劳民伤财呢？"这带有非常明确的引导意味的话，该会引发多少人的联想？从历史的发展中去审视长城，其深厚的爱国精神突出地体现在促进多民族融合发展的过程中。团结统一、众志成城的爱国精神构成了中华民族的民族记忆、国家记忆，自然也是一种恒定不变的民族认同、国家认同。

二、民族精神

在人类学意义上的民族，一般被认为是基于血缘、宗教、地域、习俗、语言等内容的某种身份认同。而文化学意义上的民族则是"人们在历史上经过长期发展而形成的稳定的共同体"[1]。中华民族的独特之处就是作为多民族国家各民族的总称，是多元一体格局背景下形成的多民族相互依存、不可分割的共同体。中华民族不是一个普通概念，正如章太炎在 1907 年写的《中华民国解》中所说："中华之名词，不仅非一地域之国名，亦非一血统之种名，乃为一文化之族名。"民族精神是中华民族得以生存发展、自强不息的精神支撑，是中华民族振兴、进步，追求繁荣富强的精神动力。一般认为，"民族精神是反映在长期的历史进程和积淀中形成的民族意识、民族文化、民族习俗、民族性格、民族信仰、民族宗教、民族价值观念和价值追求等共同特质"[2]。长城所代表的民族精神是中华民族历经沧桑和诸多磨难所铸就的精魂，是中华民族屹立于世界民族之林的卓尔不群的独特品格，具有坚韧不拔、自强不息的基本特征和内涵。其中，坚韧不拔在语义上是用来形容意志坚强，不可动摇；自强不息，用以表示自觉地努力向上，永不松懈。中国长城所表现出的鲜明民族精神特征，涵盖着上述两大方面。若对这一特征做进一步的细化解构，坚韧不拔可以抽绎出三个方面的构成要素，主要表现为：吃苦耐劳、迎难而上、刚柔相济。世界上对中华民族的普遍认知，常常用勤劳、勇敢和智慧来形容，而这三个品格正是我们理解长城"坚韧不拔"民族精神的三个维度。简而言之，中华民族的勤劳对应着吃苦耐劳，中华民族的勇敢对应着迎难而上，中华民族的智慧对应着刚柔

---

1 覃光广、冯利、陈朴主编：《文化学辞典》，北京：中央民族学院出版社 1988 年版，第 268 页。

2 罗晓飞：《民族教育意义下的美术教育功能及其价值素质》，《民族论坛》2012 年第 5 期，第 78—80 页。

相济。

万里长城是中华民族的伟大创举，是时间与空间交织、汇聚出的防御体系，更是博大精深的中华文化的直接积淀与展示。长城从内到外都渗透着华夏儿女血管里所流淌的吃苦耐劳的品性。这种品性所呈现的是在应对纷乱社会局面或面对现实问题时，中华民族应有的禀赋或民族素养。人们常说，时间是最好的试金石。中国长城经过 2 000 多年的持续建造，直至今天依然傲然挺立，是经过时间淘洗和验证过的中华民族优良品行的最好见证。首先，万里长城在历朝历代的修建过程中，要克服的困难是超出一般人的想象的。长城线上大部分的长城墙体及其他设施，基本上是在古代社会生产力不发达，施工技术和能力极度落后的情况下纯粹依靠大量劳动力徒手完成的。其次，万里长城工程体量巨大而浩繁，每一块砖石和土方的重量或数量，都关系着劳动者的血汗甚至生命，是几千年劳动人民勤劳、智慧和付出的直接体现。再次，万里长城并非完全修建于坦途之上，更多的是修建在崇山峻岭之间、悬崖峭壁之上、戈壁荒漠之中，自然和地理环境险恶，运输及施工条件极差，需要排除万难，才能取得胜利、创造奇迹。长城修建困难重重。在这种绵延万里的"奇迹"创造的背后，既有看得见的亿万劳动力的辛劳付出，也有看不见的中华民族吃苦耐劳品格所默默贡献的内在的动力。

不管面临怎样的艰难险阻，也要正视现实、迎难而上、决不退缩、争取胜利，这是中华民族坚韧不拔品格淋漓尽致的体现，同时也反映出中华民族在面对现实问题时所秉持的客观、公正的立场和态度。1935年 10 月初，中央红军胸怀北上抗战、救亡图存的坚定意志，在千难万

毛泽东题词"不到长城非好汉"石碑 / 方志强摄

险中历经二万多里的长征路，走进了宁夏、甘肃的秦长城，在此地、此景中，毛泽东写下了"不到长城非好汉"的豪迈诗句，形象表达了红军将士投身于救国救亡战场的坚定决心。此时抗日战场上的中国军人，就是坚韧不拔、迎难而上的长城精神的一种体现，就是中华民族新筑起的万里长城。回溯往事，中国长城在建造过程中，由于具体环境和条件的不同，总会遇到这样或那样的问题。如果除去修建需要大量劳动力之外，那么其他的困难恐怕更是大小具现、举不胜举了。例如，在长城建筑材料供应方面，根据史料记载，在需要加固或重建长城的很多地段，根本就没有可供选择使用的修筑材料，若从都城或其他地方运输材料的话，各种成本叠加又会抬高成本。而要顺利解决这些问题，实际上又会牵涉建材和设计等多个方面。长城修建的设计初衷，当然是在建造时，要全

面考虑如何更好地适应具体的战争环境,进而有效提升长城的御敌功能。长城的首要功能毕竟是军事防御,要制止战争、打赢战争。面对种种难以解决的困难,历代参与长城修建的中华儿女们不仅没有退缩、妥协、放弃,而是选择正视问题、迎难而上。修建环境差、材料短缺,就集思广益、就地取材、因材施艺,这才有了借助"启土""挖沟""种树""劈山""垒石"等方式筑成的人工与自然相结合而形成的防御屏障,才有了不同区域、不同形态和样式的长城。如在西北荒漠地带是大量掺杂着红柳夯建起的土长城;在峡谷、峭壁的山区地带基本为条石、碎石垒砌的石长城;而在草原、荒漠等开阔地带多以"挡马墙""阻马坑"的"界壕"形式体现着拒战和防御功能;至于带有城墙、城堡、敌台、烽火台等设施的一应俱全的砖石长城,更是在具体实践中不断摸索、改进而追求完备、完善的。很难想象,没有"排除万难,去争取胜利"的坚强决心和毅力,就不会有由不同朝代历时2 000余年修建的万里长城。

吃苦耐劳、迎难而上,主要是针对长城修建者和修建过程的描述,而刚柔相济则是长城防御要实现的客观效果,或者说是长城精神中坚韧不拔的另一方面重要内容。刚柔相济,用于指刚强与柔和互相调剂。体现出《周易·蒙第四》"《象》曰:子克家,刚柔接也"[1]的传统思想。长城的修建是为了战争或避免、制止战争,彰显出和平相处、追求共生的本质。为战是"刚",止战是"柔",这样的"和平"与"共生"的生活方式或生存理念,是人性的,更是先进的。它对应着中华民族在处

1　徐子宏译注:《周易全译》,贵阳:贵州人民出版社1991年版,第32页。

理社会现实问题时的具体方法，深刻地体现出中华民族是充满智慧的人类族群。刚柔相济最直接的表现就是古人在处理民族冲突或矛盾等问题时，坚持"中和"立场，懂得变通、不偏激。万里长城本体上所呈现的多元的面貌、不同的形态，正是这种相互融合与促进的"刚柔相济"品质的最好体现。往深刻里说，无论采取战争"征伐"或者"和亲""互市"，作为手段、策略之一种，在本质上都属于围绕长城展开的或"汉化"、或"胡化"的民族融合活动。中华民族这种源于骨子里的与人为善的刚柔相济的品质与始终爱好和平的民族特性血肉相连、相融共生、影响久远。时至今日，中华民族绝不会随意侵犯他国，主动挑起战争。当民族面临危亡之际，中华民族也绝对不会任人欺凌、践踏，而一定会坚决反击。不承诺放弃武力，绝不是炫耀武力、喜好战争。不盲从、不偏激、不惹事、不怕事，这就是中华民族能够长久保持活力、屹立不倒的根本所在。

坚韧不拔是长城所代表民族精神的外在特征，自强不息则是其深层内涵。当我们透过长城的种种外观去审视、理解其内蕴的自强不息的民族精神时，可以发现有很多的视点或视角，因为自强不息的民族精神早已经植根于中华儿女的灵魂深处，而内化或外化为具体的思维方式、价值判断、行为准则等。仅从长城外在的形态与功能和内在的文化属性两个方面，就可以找寻自强不息精神存在的直观路径，进而体会这种精神无处不在的呈现状态和深刻影响力。首先，中国的"万里长城"名称本身就包含着延续千年的建筑过程与绵延万里的外在形态，其耗费时间之长、建筑体量之大、防御体系之全等，都能够以最直接、最真实、最震

撼的方式，向世人展示并传达自强不息的全息信息。没有长城建造者内心的强大，就没有长城的牢固、久远与强大。其次，长城以抵御和抗击外部势力的入侵为核心功能及显在目的，这能够进一步凸显自强不息的精神追求。在维护我国多民族长期共处、和平、统一的历史上，长城不仅具有举足轻重的符号化、警示性的战略地位，还发挥了不可替代的超越实体的重要作用。特别是在军事防御功能已经弱化、消失的抗日战争期间，面对日本的侵略，中华儿女没有坐以待毙，而是发起了全民族的救亡图存的抗争。1933 年 1 月初，榆关（又称渝关，即今山海关）失陷后到 3 月初，日军相继将战场推进至河北长城沿线，长城抗战开始。3 月 9 日，日军占据喜峰口部分区域，宋哲元率二十九军与日军交锋，连续激战 7 天，击退了来犯的日军。在喜峰口拉锯战期间，二十九军将士数度与日军肉搏。据宋哲元致国民政府电报描述，3 月 11 日在喜峰口西侧高地的战斗中，敌我双方"肉搏十余次，互得互失，敌人伤亡尸横满地，我亦有伤亡"。二十九军是以"刀砍""肉搏"的英勇壮举，造就了二十九军"大刀队"的赫赫声威，也谱写了一曲"大刀向鬼子们的头上砍去"的豪迈壮歌。随后，在 3 月 16 日至 18 日，二十九军又击退来犯罗文峪之敌。这两次保卫战是 1931 年九一八事变以来，中国军队与日军在战场上相持并取得胜利的战事，消息迅速传遍全国，振奋人心。尤其喜峰口一战是长城抗战中的亮点，当时的报刊上争相发文报道、评价，认识到其对于当时中国有很重要的象征意义。《商报画刊》刊登了一幅喜峰口及长城全景的航拍图片，向读者提供了长城抗战的视觉场景，相较于文字报道更直接有力。天津的《益世报》发表评论："中国

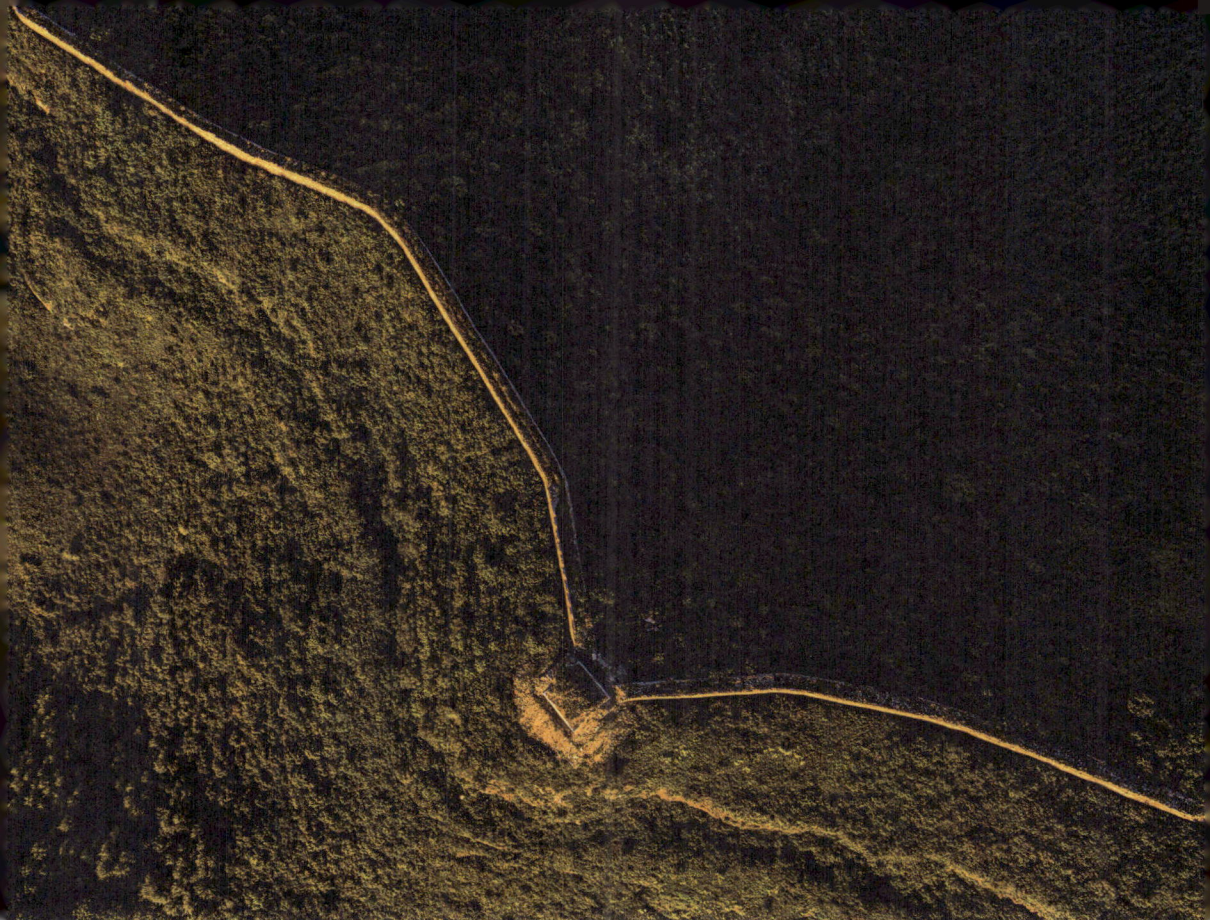

河北省怀来县水头段明长城 / 董旭明摄

人永世万代不能忘记喜峰口的英雄。"记述并分析"宋哲元将军领导的一班英雄，在喜峰口那几次战事，在今日中国有绝大的意义"，认为之前中国人打了败仗、失了领土、抛了脸面、失了人格，是长城喜峰口抗战的这几次胜仗，使我们借助英雄们的光，又抬得起头来了。"十九路军淞沪一战，使世界认识了中国人；喜峰口的几仗，使我们中国人还可做人。"长城抗战赢得局部胜利，自然能够振奋人心，激励士气，但在"精神"层面上，"使我们中国人还可做人"，应该是极高的评价了。喜峰口是长城上的重要隘口，在面临民族危亡的特殊节点，它以长城抗战的局部胜利激发了全民族团结统一、众志成城的爱国精神，体现并激

励了坚韧不拔、自强不息的民族精神。作为中华民族的精神象征，长城与其代表的自强不息精神，已然深深融入中华民族的血脉，成为无比强大的精神力量，助力实现中华民族伟大复兴的中国梦。

这种自强精神对于中华民族的过去、现在和未来都具有重要意义和深远影响。这从长城内在的文化属性来审视，会更明晰。在中华传统文化的深处，正是因为我们的先贤看到"天行健"，才感悟到"自强不息"的处世思想。长城的修建及蕴含的自强不息精神，既有对"天道"的学习与模仿，也有对自然及其规律的发现、尊重与利用。古代的中华民族在很多方面早已经开始表现并传承自强不息的精神了。从对自然的学习与尊重角度来看这种精神，长城作为古代军事防御体系，反映了我国古人未雨绸缪、因地制宜、尊重自然、利用自然、改造自然的整体规划思想。同时，长城的修建也深刻而鲜明地体现了我国古人自成体系、不断改进、日臻完善的建筑营造技艺以及建筑工程管理水平。长城不仅在地形、地貌的选择和利用方面科学、合理，而且在砖石、夯土等材料的制作、使用以及建筑的形制方面也逐渐改进并完善，充分展现出我国古代军事防御体系的缜密设计与完备功能，是人类历史上伟大建筑奇迹的物质见证，也是人类热爱和平的命运共同体意识及创造精神的完美呈现。

文献显示，早在中国长城诞生前的很长一段时间里，中华民族先民的思想里就已经闪现自强不息的精神火花了。从文化基因传承的意义上看，中国长城的出现并日趋完善，其实就是这种自强不息精神的延续、实践与进一步证明。华夏土地孕育了勤劳、勇敢、智慧的中华儿女，中华儿女又辛勤建造了横亘华夏土地的中国长城，其中渗透着巨大的创造能量的转化，也能够让人感悟到神奇的子子孙孙的气脉贯通。

三、时代精神

长城的时代精神呈现出守望和平与开放包容两大维度，其中守望和平是基础特征，而开放包容可以理解为时代发展的要求。

中国长城守望和平的精神特质是基础性的，这种先天基因与中国传统文化紧密契合。考古学上一般把金属工具、文字和城市的出现视为国家或文明出现的典型标志。许慎《说文解字》上说："城，以盛民也。"而《墨子·七患》则说："城者，所以自守也。"由此可以发现，"城"是国家出现的标志，自然也符合（或吻合）"中华文明探源工程"对城市的出现是文明出现的重要标志的表述。在中国的传统思想中，"城"并不是一般概念意义上的普通城邑，也不单指以高大围墙所围护的大型聚落，而是与早期政治、经济、宗教、军事等活动相关联并被周边更小城邑环绕的中心城市。"城"出现或建立的初衷，带有为了一定区域内家族的安定或者为了"城"内和平的目的。也就是说如果将中国长城作为展开的"城"或"城墙"，它就是带着"守望和平"的基因来到世间的。

在由以血缘、宗法制为基础的分封制向以地缘为基础的中央集权郡县制转变的历史过程中，无论战争的频次、规模，还是残酷程度都有增无减。到战国中后期，在兼并与反兼并战争的环境下，长城防御思想萌芽并逐渐发展起来。此后，其理念和实践活动推广、运用到当时的边疆

地区尤其是农牧交错地带。历史上，尽管战争的起因、过程及结局千差万别，但战争的基本形态大致不变。一类是以侵占、掠夺为根本目的发动的无道之战，另一类则是为抵御或呼应前一类侵略战争而发动的正义之战。文献资料证实，中国的早期长城产生于春秋时期。在当时大国"争霸"的背景下，各诸侯国选择以修建长城来互相防范，或者阻止北方游牧势力的南下进攻，从此拉开了中国长城数千年的修建帷幕。人们选择以防御性的长城作为应对战争的重要手段和战略，是一种高瞻远瞩的心胸和行为。这种心胸和行为本身既说明了中华先祖们面对战争的基本态度，也内蕴着崇尚和平的高尚的人文情怀。作为一种典型的防御工事，历经几千年修建的万里长城，向世人昭示出中国古人"不战而屈人之兵"的战略思想，贯彻这种思想就会出现各种关系协调的和合局面。正如《周易·泰·象》上描述的："则是天地交而万物通也，上下交而其志同也。内阳而外阴，内健而外顺，内君子而外小人，君子道长，小人道消也。"[1]长城所呈现的"内阳""外阴""内健""外顺""内君子""外小人"等守望和平的姿态，是一种具有深刻东方智慧，同时值得人们世代珍惜的"求和之道"，闪现出"生生为易"的共同体意识和可贵的和合精神。

万里长城跨越 2 000 多年，是经过 12 个朝代、24 个政治实体先后修筑的，这足以说明中华民族对于和平、安定局面的向往与追求，有着恒久的传统和历史。中国长城的修筑始于春秋战国时代，秦统一天下后，连接并修缮了战国遗留下的部分长城，形成了横亘东西、绵延万里的长

1　徐子宏译注：《周易全译》，贵阳：贵州人民出版社 1991 年版，第 66 页。

城。秦以后各代，汉、魏、晋、隋、唐直到明、清，都对长城的不同地段、不同形制、不同设施进行过不同规模的修筑与完善，而不同时期的人们对于和平的追求意愿或曰和合的精神寄托，都真切地落实在修筑长城、戍守长城这一具体的社会实践中。人们在修建由连续性墙体及配套的关隘、城堡、烽燧等构成的军事防御工程中，始终带着守望和平的朴素愿望，最终前后承接、世代延续，成就了绵亘万里、点阵结合，有着梯次、纵深的巨型、坚固的防御体系。古语有所谓"天子守城，百姓平安"的说法，说明不同朝代的当权者对于维护社稷的需求与百姓渴求安定的愿望在根本上并不矛盾，一般总会共同凝结在和平、发展这些目标上。正是当权者的倡导和统一调配与无数修建者的勤劳苦作，才共同构筑了抵御外敌、守望和平的时代长城，因此，任何时期的每一位筑城百姓都事实上担当了和平的建设者与守护者的角色。

如今，长城在守望和平、构建人类命运共同体的事业中，依然发挥着巨大作用。据史料统计，在长城修建的 2 000 多年里，发生战争的时间不过 700 年。而正是在这段战乱和纷争以各种形式存在的状况下，长城义无反顾地担当起减少和降低战争损失的堡垒作用，本质上为人民、为军队有效反击侵略和袭扰，最大化维护自身利益提供坚实的基础。与此同时，在前前后后发生战乱的 700 年之外，更漫长的是长城地带各民族人民之间的和平相处，是各种形式的交往、交流与交融共进的岁月。换言之，万里长城更多地扮演着巨大的精神象征角色，以符号化的威慑作用，消弭了各类大小不一的扰乱和平的社会因素，使多民族间以互市、和亲等为主要形式的经济、文化交融活动得以顺利开展。长城以其庞大

的体量、坚固的构造以及巧夺天工的设计，结合科学、合理的地形优势，起到了拒绝和阻止战争、阻止战争扩大化、减少侵扰和杀戮以及传递和平愿望的作用。特别是在精神层面，长城以其坚固、庞大、恒久的威慑力，让众多侵略者望而却步，进行多向度思考，充分感受到钢铁般长城的无穷力量，从而起到维护和平的作用。

在当下进一步改革开放的新形势下，追求和平、安定、民主、自由、富强是主旋律，开放包容是长城时代精神延续的内在动力。历史上自长城修建以来，古代的中国获得了较长时间的和平发展期，长城这个最具标志性的"止战"丰碑，出色地完成了宣示和平、维护和平的任务。然而，长城的功能远不止拒止战争、守望和平，而是有着多向度、多维面的呈现。尤其是在相对和平的年代，长城以更加开放包容的时代胸怀，向世界传递着和平、友好的愿望，进而推动着中华民族坚定地走向世界。有人从长城的建筑形态来看长城，认为万里长城就像是一条蜿蜒腾跃在中华大地上的巨龙，沟通了沿线各处的经济、文化交流；也有人从结构设计来看长城，认为它选择并构建的每一处关口，都为拉近长城内外不同民族的感情、促进贸易的开放提供了便捷的通道；还有人从长城内外是一家的多元一体的高度来看长城，认为它和古丝绸之路相似，在和平年代生发出的"横纵"交错的通路，更彰显其所代表的中华民族坚持开放包容、促进共同发展的时代品格。

若把中国长城作为连接沿线各区域的"横向"通路来理解，在社会和平稳定的时期，历代王朝出于边境军事防御之需，对长城不断地增修、改进和完善，客观上形成并带动了以长城为"轴心"或纽带的长城区域经济、文化的融合与发展。比如，在长城修筑过程中，需要大量的人力、物力，在本地无法满足和解决的情况下，就需要从外地大量征调军人、民夫到修筑一线，势必导致异域文化、生产方式、生活习俗等多方面的碰撞、交流乃至相互促进，自然助推、加深了民族融合程度。为解决戍边军队的人员储备、物资供给难题，秦朝实行"徙民实边"的政策，在迁徙和运输过程中，有意无意地将中原的农耕文化与生活方式传播至长城沿线各地，尤其是农牧交错地带，极大地影响了长城地带的生产、生活。同时这些充实到戍边地方的军民也积极吸收其他民族的优秀传统和技艺，互相取长补短，在开放包容的环境下民族之间的交往日益密切。随着"徙民实边"政策的持续施行、互市贸易的不断发展，既有效地开发了曾经的蛮夷之地，使得以长城为轴心的长城地带的经济不断发展壮大，又在传播中原地区的农耕文明过程中吸纳了优良基因，进一步强健了自身。这样在时战时和的演进中，农耕民族与游牧民族之间也逐渐由割裂、对峙和战争状态演变为交往互助、交流共处、交融发展阶段。到了明代，朝廷与草原漠北的元朝残余势力之间虽然矛盾不断，但是仍然通过开设马市、茶市等开放包容的具体举措，增进了各民族间的交融程度。据《明史》记载："九边生齿日繁，守备日固，田野日辟，商贾日通，边民始知有生之乐。"由此来看，以长城沿线地带为轴心，真正做到了在军事防御基础上的经济开放发展、文化包容传播，使当时整个北方长城沿线各民族之间的交流更为紧密，多元一体的格局逐渐形成。

　　实际上汉代依托长城开辟丝绸之路的初衷也是为了和平，其绵延之

长、横跨之广当属开放包容的另一重要表现。丝绸之路在具体实施和推进过程中同"徙民实边"一样，除了互通有无的货物交换之外，也同时承担了文化开放交流的诸多功能。汉武帝派遣张骞出使西域，顺着长城沿线将汉朝丰富的物资带到西域，同时也将汉文化一路传播至西域各国。汉王朝以其极大的包容胸怀也同样吸收着西域各国的文化，促进了彼此间的开放与交流。如今的文化艺术领域从舞蹈到音乐都留有外来文化基因影响的痕迹。文献证明，当时自长安到罗马的丝绸之路沿线已经成为开放包容的物资、文化的交融地带。对此，《汉书·西域传赞》："自是之后，明珠、文甲、通犀、翠羽之珍盈于后宫，蒲梢、龙文、鱼目、汗血之马充于黄门，钜象、师子、猛犬、大雀之群食于外囿。殊方异物，四面而至。"[1]贸易交往带来了物资、产品的极大丰富，也促进了域外文化与华夏文化的相融、汇集，从而逐渐塑造、生成了长城地带的多元文化形态。

若从中国长城作为纵向通路角度来看，不同时期、不同原因的战争所造成的隔绝局面，也引发了人们对生命以及命运等问题的思考与认识深度，自然增加了长城内外相互开放、包容与交流的迫切性。在休战阶段，长城担当了拉近双方距离、弱化矛盾冲突、促进开放交流的新角色。由于长城本然地带有边界标识的符号性警示作用，使得一些关口成为联系长城内外的唯一通道或点位。一方面长城作为物资交换地，见证了长城内外人民频繁而丰富的经济文化交流；另一方面，随着来往于长城脚

1　［汉］班固撰，颜师古注：《汉书·西域传》，北京：中华书局 2020 年版，第 3362 页。

下的贸易活动的不断发展壮大，也增进了农耕与游牧文明的相互理解与交融。从市民的私下交往到官方的默许乃至准许，交往、交流活动日积月累、互利互惠，逐渐发展为更大范围的开放与交流。不同时期形成、开展的更大规模、更多种类的互市贸易由此奠定基础、发展演变而来。可以说，由长城线或长城脚下发源的互补性贸易活动，在由点到线再到面的逐渐扩大过程中，成为区域之间相互依存，甚至国与国之间强化信任、开放交融的最稳定的基础。经济贸易的往来无疑会增进包括文化在内的其他形式的交往、交流与交融。如一年一度或几度的互市让长城内外的民众有了更多的接触和交流机会，并因为交流的频繁而产生深入了解的意愿，奠定了互信基础。长城内外农耕与游牧经济之间的平等交往和公平交流，是在双方开放包容的平等关系下开展的，失去公平这一核心就必然导致矛盾、冲突乃至战争。开放使得长城内外的民众对不同的文化与生活方式有了更多的了解与包容，进而促进了农耕与游牧民族的融合。例如，正是赵武灵王决心革故鼎新，推行胡服骑射，主动将北方游牧民族的优秀文化推广到内地，才强化了自身，促进了民族融合。因此，长城的发展历史与文明互鉴的民族关系的种种经验，完全可以为人类命运共同体的构建提供历史的启示意义和智库价值的实践范例。

长城区域的发展历史充分证明，长城内外各个时代的诸多兄弟民族，经过两千多年的交流、冲突、和平共处的漫长历史进程，共同构建了中华民族多元的命运共同体。在这个过程中，有的民族作为整体失去了本民族原有的一些特点和特征，而近似另一个民族，甚至变成另一个民族的组成部分，有的则在发展的过程中吸收了其他民族的一些特点，

使本民族的特性发生了或显在或隐蔽的变化。这就是长城地区各民族在碰撞与融合中交往、交流、交融的历史。不可否认，长城地带冲突与战争的发生原因，既有游牧势力的无端侵扰，也有农耕政权的多疑、猜忌和强力封锁。如果双方始终秉持开放包容的立场，相互尊重与认可，坚持平等和公平的交流原则，必然迎来长期的和平与发展，进而推动双方经济、文化的共进与繁荣。在当代世界，只有各国之间互相开放、包容互鉴、责任共担、利益共享，才能逐步消除贫困、落后，化解各类误解、纠纷与矛盾，共同走上繁荣、富裕之路。长城沿线兄弟民族之间的冲突与和平发展的历史，就是一部形象的中华民族共同体的交流、融合与发展历史，其中蕴含的宝贵经验可以为今天构建人类命运共同体提供丰厚、深邃的思想、智慧与方案。中国传统文化重视并追求"和而不同"。开放是一种心胸、一种立场、一种自信，包容能够促进和而不同、兼收并蓄的文明交流，从而谋求开放创新、互利共赢。不同民族的文明之间完全能够通过对话、交流与互鉴，求同存异，共存共生，进而推动全人类文明实现多样性、包容性、创造性发展。我们可以从 1935 年由聂耳作曲的《义勇军进行曲》"筑成我们新的长城"中得到力量，也可以从1935 年毛泽东的诗词《清平乐·六盘山》"不到长城非好汉"中寻找路径，更可以标举 1984 年邓小平、习仲勋号召"爱我中华，修我长城"的精神旗帜。

鉴往知来，当今世界早已步入全球化时代，而全球化时代的人类命运共同体与中华民族在长城内外融合而成的民族共同体拥有高度契合的历史形态。长城避战、止战的和平发展理念与文化，既可以助力人类命运共同体思想的深度理论阐释，也可以持续推进构建人类命运共同体事业的具体实践，更可以使之成为极具说服力、吸引力和影响力的当代国际关系的创新理论，使新时代各国的交往、交流与交融步入新境界和新水平，进而在全面提升综合国力的基础上，有序推进和平发展战略和民族复兴"中国梦"的早日实现。

今天，长城内含并被赋予的和平共处的民族团结理念以及开放包容的时代精神，形成了和而不同、取长补短、互补融合的长城和平文化，为人类命运共同体提供了优秀的传统文化资源和理论支撑。人类命运共同体思想为超越不同文明隔阂和冲突打开了新思路，是对全人类作出的历史性的重大理论贡献，而长城和平文化的丰富而深厚的理论内涵则为人类命运共同体的构建提供了雄辩而丰富的历史依据。长城时代精神，为各国、各民族间的深层交往、交流和融合提供了基础的保障。长城在不同时代承载了不同的功能，发挥了不同作用，深刻彰显了中华文明的源远流长、博大精深，更昭示了长城所代表的和平、包容的时代品格。